AF330514

1015

# RECUEIL

## DES NOMS DES

# DOUANIERS MOBILISÉS

## PENDANT LA GUERRE 1870-1871

## Par E. LEPINE

CAPITAINE DES DOUANIERS A BARFLEUR,

EX-CAPITAINE DE LA 1re COMPAGNIE DU 1er BATAILLON DES GUIDES

DES DOUANIERS, AU SIÉGE DE PARIS.

Et vous, mes très chers morts, je voudrais que ces pages
Pussent porter vos noms, en traversant les âges,
A la postérité qui saurait les bénir !
En notre cœur aimant, nous savons les unir :
Dans nos hivers futurs et les yeux pleins de larmes,
Nous penserons souvent à nos compagnons d'armes
Qui, succombant, hélas ! sous le poids de leurs maux,
Sont partis couronnés où s'en vont les héros !!!....

LEPINE.

# PARIS

IMPRIMERIE BALITOUT, QUESTROY ET Cie

7, RUE BAILLIF ET RUE DE VALOIS, 18

## 1872

Nous nous sommes toujours rangé à cette sage maxime : *majori cede*.

La loi de notre vie, en effet, a été d'obéir, et là était notre devoir. Il nous a donc fallu ne pas publier *les Douaniers héroïques;* mais, pour répondre au désir exprimé par le plus grand nombre de nos souscripteurs, nous offrons, en lieu et place de ce poëme, un autre livre qui est d'un intérèt non moindre, et qui a pris le titre de *Recueil des noms des Douaniers mobilisés pendant la guerre 1870-1871*, et dont la modestie est au moins égale à celle de l'*Annuaire des Douanes*, publication autorisée.

---

Je vous avais promis d'écrire en un poëme,
Ce qu'en face des cieux vous aviez eu d'éclat
Pendant nos mauvais jours. L'autorité suprême
    M'a crié : Halte là!

Halte! m'a-t-elle dit, la simple discipline
N'est pas de l'héroïsme, et la noble valeur
N'est, en réalité, que quand on la décline :
    Plus grand en est le cœur.

Obéissons alors; cachons votre vaillance,
Et puissent les héros, si nombreux en vos rangs,

— IV —

Trouver assez de fleurs dans le sage silence,
    Dont on frappe mes chants !


Mais à quoi bon louer, d'ailleurs, votre courage ?
Il est partout écrit ; rien ne l'effacera !
Chaque place investie a pour vous une page
    Qui vous glorifiera !


Forbach et Neuf-Brisach, Belfort et Thionville ;
Bitche, Longwy, Strasbourg et la Grande-Cité
Savent, soldat des nuits, combien tu fus utile,
    Sur leurs remparts posté !


Donc ne vous chantons pas, et, semblable à nos *rôles*,
Au lieu de mon poëme, hélas ! par trop promis,
Acceptez un recueil où vos noms, par contrôles,
    Compagnons, sont tous mis.


LEPINE.

# RECUEIL

DES NOMS DES

# DOUANIERS MOBILISÉS

## PENDANT LA GUERRE 1870-1871.

**Employés du service des bureaux s'étant offerts volontairement ou qui ont obéi à la loi militaire.**

### MM.

Albert Caise, direction de Paris, capitaine au 16e bataillon des mobiles de la Seine (1).

Chalon, bureau d'Orléans, lieutenant au 1er bataillon des mobiles du Finistère (2).

Reddon, d rection de La Rochelle, engagé volontaire au 29e de ligne (3).

De Bousquet, direction de Paris, sous-lieutenant au 7e bataillon de la Seine (4).

Lefebvre, commis principal à Paris, officier d'état-major à Strasbourg (5).

Thirion, direction de Paris, sous-officier d'artillerie de la garde mobile, et, plus tard, engagé volontaire aux zouaves de Charette (6).

Trichot, direction de Charleville, garde mobile (7).

Malen, direction de Bayonne, sergent-fourrier dans les mobiles du Morbihan (8).

De Barry, direction de Bordeaux, engagé volontaire au 16e bataillon de chasseurs (9).

Pravaz, ✹, direction de Chambéry, sergent-fourrier des mobiles de la Savoie (10).

Dyel de Graville, ✹, direction de Rouen, capitaine au 94e régiment de marche (11).

Delaage de Bellefaye, bureau de Sotteville, lieutenant au régiment des mobiles de la Seine-Inférieure (12).

De Saint-Quentin, vérificateur à Vireux, capitaine des mobiles du Pas-de-Calais (13).

Bourguet, commis principal à Perpignan, officier dans les francs-tireurs (14).

Brun, commis principal à Perpignan, engagé volontaire au 17e bataillon de chasseurs (15).

Olivier, receveur à St-Pierre-d'Oléron, capitaine d'artillerie des mobiles de la Charente-Inférieure (16).

Corbinière, commis principal à La Rochelle, lieutenant des mobiles de la Charente-Inférieure (17).

Brienne (Théodore), vérificateur à Nantes, engagé volontaire, dans la garde nationale mobilisée (18).

Masseron, direction de Nantes, lieutenant dans la garde mobile (19).

Amé, sous-inspecteur à Toulon, sous-lieutenant dans les mobiles de la Loire-Inférieure (20).

Poyvre, direction de Nantes, capitaine dans le corps des mobilisés (21).

Sevenay, direction de Nantes, lieutenant dans le corps des mobilisés (22).

Watry, direction de La Rochelle, attaché l'intendance militaire à Thionville (23).

Denis du Désert, direction de Rouen, officier porte-drapeau dans la 1re légion du Calvados (24).

Papereux, direction de Paris, capitaine au 202e bataillon de la garde nationale de Paris (25).

Bocahut, direction de Paris, engagé dans les bataillons de marche de la Seine (26).

Poirée, direction de Paris, engagé dans les bataillons de marche de la Seine (27).

Lefer de La Motte, direction du Havre, engagé volontaire au 41e de ligne, et plus tard sergent-major au 48e régiment de marche (28).

Dufour, direction du Havre, sous-lieutenant au 2e bataillon des mobiles de la Seine-Inférieure (29).

Clausse, ✳, direction de Bourg, capitaine des mobiles de l'Ain (30).

(1) On lit dans l'*Annuaire des Douanes* de 1871 et de 1872 :
« M. Albert Caise a servi dignement au camp de Châlons et

aux affaires du Bourget et du plateau d'Avron.— (2) M. Chalon a reçu la même mention pour sa conduite aux affaires de Champigny et du plateau d'Avron.— (3) M. Reddon, blessé à Champigny et fait prisonnier, est mort en captivité — (4) M. de Bousquet a servi dignement au siége de Paris. — (5) M. Lefebvre a servi dans l'état-major du général Uhrich. — (6) M. Thirion, fait prisonnier à Metz, est rentré en France pour s'engager dans le corps des zouaves de Charette. — (7) M. Trichot a été cité à l'ordre du jour du 7 septembre pour sa belle conduite au bombardement de Montmédy.— (8) M. Malen a été fait prisonnier au combat de Nogent-sur-Seine et a été interné dans la Poméranie. — (9) M. de Barry a été fait prisonnier à Sedan et n'est rentré en France qu'au mois de juin. — (10) M. Pravaz a reçu la médaille militaire pour sa belle conduite à Beaune-la-Rolande; il a été ensuite promu sous-lieutenant. — (11) M. Dyel de Graville a été décoré de la Légion-d'Honneur.—(12) M. Delaage de Bellefaye a été promu au grade de capitaine pendant la campagne. — (13) M. de Saint-Quentin a également été nommé capitaine. — (14) M. Bourguet a pris part à l'affaire d'Orléans. — (15) M. Brun a pris part à la campagne du Nord. — (16) M. Olivier, père de famille, a accepté le grade de capitaine d'artillerie des mobiles de la Charente-Inférieure, et il a servi bravement à ce titre pendant cinq mois dans les forts de Lyon. — (17) M. Corbinière était engagé volontaire dans le même corps. — (18) Nous devons une mention spéciale à la mémoire de M. Brienne (Théodore), fils unique d'un père nonagénaire, il aurait pu se faire exempter du service de la garde nationale mobilisée; il a préféré concourir à la défense du pays; il a noblement fait son devoir; mortellement atteint à la bataille du Mans, il a succombé à sa blessure.—(19) M. Masseron a fait la campagne autour du Mans. — (20) M. Amé a été fait prisonnier au Mans.— (21) MM. Poivre et Savenay ont également servi dans la campagne.—(22 M. Watry, mis à la disposition de l'intendant militaire, a rempli avec intelligence et courage diverses missions périlleuses et utiles à travers les lignes ennemies.— (23) M. Denis du Désert a servi du 15 novembre 1870 au 10 mars suivant, dans la 1re légion du Calvados, en qualité d'officier porte-drapeau, et il a assisté aux affaires de Rougemontiers et de Bourneville.— (24) M. Papereux a mérité un témoignage spécial de satisfaction de l'amiral Méquet pour sa conduite au 31 octobre. M. Papereux a été du petit nombre des officiers du 8e secteur proposés pour la croix de la Légion-d'Honneur. Ayant essayé d'organiser la résistance au 18 mars, il fut un instant arrêté par ordre du Comité central, mais il put s'évader. (25) Nous avons obtenu les renseignements suivants: M. Bocahut a pris dignement part aux combats de Montretout. — (26) M. Poirée s'est bien conduit aux affaires de Champigny et

## Noms des Employés composant le Bataillon qui a concouru à la Défense de Belfort.

| MM. | | MM. | |
| --- | --- | --- | --- |
| Rolland, ✳, chef de bataillon (1). | | Guerre, | caporal. |
| | | Lotz, | — |
| Chodron, ✳, adjudant-major (2). | | Barré, | — |
| | | Bonnet, | — |
| Jobin, ✳, capitaine (3). | | Humbert, (6), | — |
| Mogier, lieutenant. | | Lœwert, | clairon. |
| Grandmaitre (Emile), lieutenant. | | Philippe, | — |
| | | Eschmann, | guide. |
| Grandmaître (Edouard), sous-lieutenant. | | Seger, | — |
| | | Lebrun, | — |
| Sigonney, sous-lieutenant. | | Lux, | — |
| Fritsch, sergent-major. | | Fetzer, | — |
| Girard, — | | Hagmann, | — |
| Collé, sergent-fourrier. | | Socie, | — |
| Peyrot. — | | Deschamps, | — |
| Robert, ✸ (4), sergent. | | Zerr, | — |
| Glaster, — | | Armspack, | — |
| Comès, — | | Schœttel, | — |
| Leroy, — | | Page, | — |
| Girardot, — | | Durand (Pierre), | — |
| Déchaux, — | | Haas, | — |
| Dentz, caporal. | | Berthiaux (Auguste), | — |
| Maignier, — | | Gricnenberger, | — |
| Vat, — | | Bühler, | — |
| Riche, — | | Schmith (Georges). | — |
| Grillon, ✸, — | | Finquel, | — |
| Schmitt, — | | Ulm, | — |
| André, — | | Bidermann, | — |
| Emonnet, — | | Berthiaux (Xavier), | — |
| Choffat, — | | Walter (Jean-Pierre), | — |

de Buzenval. Il avait déjà fait partie de l'expédition du Mexique, comme attaché à la Délégation financière.—(27) M. Lefer de La Motte a pris part avec honneur à presque tous les combats soutenus par l'armée de la Loire. — (28) M. Dufour s'est vaillamment battu contre l'ennemi à la rude affaire de Rose-le-Hard. — (29) M. Clausse a été fait chevalier de la Légion-d'Honneur pour sa bravoure devant l'ennemi.

| MM. | | MM. | |
|---|---|---|---|
| Durand (Victor), | guide. | Weiss, | guide. |
| Maître, | — | Daenber, | — |
| Frahier (Aimable), | — | Devaux, | — |
| Broquet, | — | Marchand (Joseph), | — |
| Gibol, | — | Geiger (Jean), | — |
| Hubler, | — | Gœtz (Georges), | — |
| Huot, | — | Mann, | — |
| Périat (François-Jos.), | — | Cuenot, | — |
| Hattemberger, | — | Geiger (Ulrick), | — |
| Dobmann, | — | Jonnette, | — |
| Dornier, | — | Jeannin, | — |
| Broglin, | — | Zerringer, | — |
| Ziégler, | — | Dugert, | — |
| Wespiser, | — | Friederick, | — |
| Barth, | — | Kuenemann, | — |
| Gœtz, | — | Chapuis, | — |
| Doebelin, | — | Nicot, | — |
| Siess, | — | Tunis (Vietor) (8), | — |
| Tunis (Joseph), | — | Bonnet, | — |
| Lièrere, | — | Dupont, | — |
| Steffan, | — | Débrosse, (9), | — |
| Mentzer, | — | Marchand (Auguste), | — |
| Schneider (7), | — | Meyer, | — |
| Walter, | — | Periat, | — |
| Barbier, | — | Hainigue, | — |
| Mourot, | — | | |

(1) Le chef de bataillon, M. Rolland, chevalier de la Légion-d'Honneur, ainsi que M. le capitaine Chodron, ont bravement servi dans la défense de Belfort. — (3) Le capitaine Jobin a été décoré par décret du 18 avril 1871, pour avoir servi avec la même valeur. — (4 et 5) Le sergent Robert a été médaillé à la même date, ainsi que le caporal Grillon. — (6) Le caporal Humbert a été tué à la sortie de Belfort. — (7) Le guide Schneider est décédé pendant le siége. — (8) Tunis est mort le 22 février 1871. — (9) Debrosse a été tué par l'ennemi. — Tout le bataillon s'est noblement montré pendant la défense héroïque de Belfort.

## Noms des Employés composant une partie des légions qui ont concouru à la défense de l'Alsace-Lorraine.

MM.

Vassal, capitaine-trésorier.
Leroux, sous-lieutenant.
Verny, sergent, 1er secrétaire du trésorier.
Lemaire de Montifault, soldat.
Debin, soldat,

MM.

Loiseau, capitaine de mobiles.
Peyrot, soldat.
Bideaux, —
Fleury, —
Hunckler, —

MM. Vassal, 2e commis de direction; Leroux, commis attaché; Verny, Lemaire de Montifault et Debin, commis principaux, ont volontairement servi dans les légions de l'Alsace-Lorraine et s'y sont conduits avec honneur.

---

## Noms des Employés composant le bataillon qui a concouru à la défense de Neuf-Brisach.

MM.

Verlingue, ✳, chef de bataillon (1).
Rapard, ✳, adjudant-major (2).
Lacroix, capitaine.
Michel, capitaine (3).
Lelay, capitaine-trésorier.
Duchanois, lieutenant.
Mengel, —
Cestre, —
Féger, s.-lieutenant (4).
Michel, —
Bélot, adjudant-s.-officier.
Wacferling, sergent-major.
Touret, —
André, sergent.
Bardol, —
Beaudeur, —
Deur, ☿, serg.-fourrier (5).

MM.

Mauvais, ☿, sergent-fourrier
Gachon, sergent.
Lépine, —
Malfait, —
Marguet, —
Péché, ☿ (6), —
Prudham, —
Lutique, ☿ (7), —
Zuger, —
Molff, —
Bale, caporal.
Bergmann, —
Bingisser, —
Buret, —
Cuenin, —
Devillers, —
Duchanais, —
Bernard, —
Bingeoz, —

| MM. | | MM. | |
|---|---|---|---|
| Egeter, | caporal. | Fesser, | soldat. |
| Gilliotte, ✠ (8), | — | Huck, | — |
| Lopinot, | — | Jecko, | — |
| Marichal, | — | Kanitzer, | — |
| Maurice, | — | Kaufmann, | — |
| Paris, | — | Kern, | — |
| Schmitt, | — | Koch, | — |
| Teillard, | — | Lavallée, | — |
| Vuillard, | — | Loiseau, ✠ (9), | — |
| Wehrlé, | — | Massou, ✠ (10), | — |
| Amann, | soldat. | Marchal, | — |
| Baltzinger, | — | Maury (Alexandre) | — |
| Bauer, | — | Maury (François), | — |
| Biver (Guillaume), | — | Miess, | - |
| Biver (Michel), | — | Meyer, | — |
| Bosser, | — | Miller, | — |
| Bournick, | — | Moreau, | — |
| Brenner, | — | Muller, | — |
| Bronner, | — | Mumber, | — |
| Danner, | — | Niess (Georges), | — |
| Deur, | — | Niess (Antoine), | — |
| Deutsch (Jean-Louis), | — | Nobel, | — |
| Deutsch (Joseph), | — | Peché, | — |
| Diétrich (Sébastien), | — | Rauch, | — |
| Diétrich (Georges), | — | Rennwald (11), | — |
| Fœchterlé, | — | Reichert, | — |
| Fréchard, | — | Roth, | — |
| Frick, | — | Ruch, | — |
| Gengler, | — | Schappler, | — |
| Girard (Eugène), | — | Schuebelin, | — |
| Girard (François), | — | Schléret, | — |
| Fred, | — | Schirm, | — |
| Gressot, | — | Schirmer, | — |
| Guiennot, | — | (12) Schirlé, | — |
| Guerre, | — | Schmitt, | — |
| Hœller, | — | Steinlé (13), | — |
| Heim, | — | Gassmau (13), | — |
| Hinder, | — | Seyfried, | — |
| Hodapp, | — | Siébert, | — |
| Alsbiess, | — | Sobraqués, | — |

| MM. | | MM. | |
|---|---|---|---|
| Spitz, | soldat. | Wurmser (Louis), | soldat. |
| Siess, | — | Zeller, | — |
| Buob, | — | Biton, | tambour. |
| Hertzog, | — | Emonin, | — |
| Schreiber, | — | Zerfuss, | soldat. |
| Trenil, | — | (13) Pfeiffer, | — |
| Ulm, | — | Sittler, | — |
| Vogel, | — | Marchal, | — |
| Willer, | — | Bertololy, | — |
| Winterhalter, | — | Beaudeur (Nicolas), | — |
| Welter (Antoine), | — | River (Michel), | — |
| Welter (Jean), | — | Kessler (F.-Jacques), | — |
| Wurmser (Ignace), | — | Richert, | — |

(1) Le commandant, M. Verlingue, a été fait chevalier de la Légion-d'Honneur par décret du 8 août 1871. — (2) Le capitaine Rapard, a été également décoré à la même date. — (3) MM. Michel, frères, capitaines, l'un à Foussemagne, l'autre à Bantzenheim, reçurent l'ordre le 30 août de passer le Rhin et d'enlever des ponts de bateaux que disposait l'ennemi à Bellingen pour traverser le fleuve. Avec leurs compagnies, ces deux officiers ont hardiment tenté l'entreprise qui a eu un plein succès sous la grêle des balles prussiennes. L'ennemi ne put passer que par Chalampé en un nombre considérable qui fit replier ces braves dans la place de Neuf-Brisach. — (4) Le sous-lieutenant Féger, est décédé. — (5) Les sergents Deur et Mauvais, ont été médaillés par décret du 16 mars 1872. — (6) Le sergent Péché a été médaillé par décret du 8 août 1871. — (7) Le sergent Lutique a été décoré de la médaille militaire le 8 août 1871, après avoir été fait prisonnier le 14 septembre 1870. — (8) Le caporal Gilliotte a reçu la médaille militaire par décret du 8 août 1871. — (9) Le soldat Loiseau a été fait prisonnier le 15 septembre 1870. Il a obtenu la médaille militaire, avec son collègue Masson, par décret du 8 août 1871. — (10) Rennwald a été tué devant l'ennemi. — (11) Schirlé est mort des blessures reçues le 14 septembre 1870. — (13) Steinlé, Gassmann et Pfeiffer ont été faits prisonniers, le 1er, le 5 octobre 1870; le second et le dernier le 14 septembre même année.

## Bataillon fourni par la Direction de Valenciennes et envoyé en éclaireur dans le département de l'Aisne.

Commandant : M. Giovanelli et plus tard M. Duclos,
Inspecteurs.

| MM. | | MM. | |
| --- | --- | --- | --- |
| Loménil, | capitaine. | Verdière, | guide. |
| Grivilliers, | lieutenant. | Rontard, | — |
| Sindely, | — | Lefillastre, | — |
| Jourdan, | — | Labarrière, | — |
| Aubert, | sous-officier. | Ducamp, | — |
| Berteau, | — | Legrand, | — |
| Poncin, | — | Valentin, | — |
| Audin, | — | Bertin, | — |
| Lépée, | — | Deshays, | — |
| Meiller, ☧, | caporal. | Dhollande, | — |
| Bruyez. | — | Descamps, | — |
| Duheur, | — | Pilton, | — |
| Corbeil, | — | Lechevin, | — |
| Philippot, | — | Hantberg, | — |
| Bultez, | — | Williame, | — |
| Houriez. | — | Bourçois, | — |
| Senail, | — | Déchamp, | — |
| Carliez, | — | Lapoire, | — |
| Roufin, | guide. | Bresson, | — |
| Mériaux, | — | Cousin, | — |
| Lambert, | — | Waltier, | — |
| Louvion, | — | Richard, | — |
| Florin, | — | Bresson, | — |
| Duchez, | — | Robert, | — |
| Delaraic, | — | Colliot, | — |
| Miché, | — | Busignié, | — |
| Léchevin, | — | Hagon, | — |
| Limelette, | — | Dussart, | — |
| Nappey, | — | Duhem, | — |
| Avisse, | — | Ruffi, | — |
| Delaby, | — | Crapez, | — |
| Gustin, | — | Bolieu, | — |
| Cauderlier, | — | Paternotte, | — |
| Druz, | — | Joset, | — |

| MM. | | MM. | |
| --- | --- | --- | --- |
| Cusseau, | guide. | Laserre, | guide. |
| Lalou, | — | Picot, | — |
| Mériaux, | — | Mangin, | — |
| Meurisse, | — | Klen, | — |
| Hayvit, | — | Valin, | — |
| Moulin, | — | Lambert, | — |
| Mouhat, | — | Colment, | — |
| Josse, | — | Dupont, | — |
| Avisse, | — | Mallet, | — |
| Blanchet, | — | Périer, | — |
| Créqui, | — | Lafolie, | — |
| Demaret, | — | Landa, | — |
| Liron, | — | Poignard, | — |
| Masias, | — | Tritz, | — |
| Bourgogne, | — | Dehornes, | — |
| Guenot, | — | Legrand, | — |
| Lacloche, | — | Greffe, | — |
| Moreau, | — | Réaux, | — |
| Rousseau, | — | Chermanne, | — |
| Schmit, | — | Blin, | — |
| Lernoud, | — | Stoclet, | — |
| Lambert, | — | Dehaut, | — |
| Lemonier, | — | François. | — |
| Bretelle, | — | Vaille, | — |
| Raimond, | — | Gilbert, | — |
| Martinage, | — | Molle, | — |
| Postiau, | — | Leleu, | — |
| Bourçois, | — | Lecerf, | — |
| Deparpe, | — | Grossemy, | — |
| Pinbert, | — | Lecerf, | — |
| Bar, | — | Torlet, | — |
| Huchon, | — | Boillot, | — |
| Dumont, | — | Harduin, | — |
| Bulté, | — | Sarazin, | — |
| Rousseau, | — | Rassinier, | — |
| Clémens, | — | | |

On lit dans l'*Annuaire des Douanes* : M. Giovanelli, inspecteur à Avesne, chargé d'une mission à Sedan, en octobre 1870, fut, à son retour, nommé commandant du

1er bataillon des Douaniers mobilisés du Nord. Ce bataillon couvrit les départements de l'Aisne et des Ardennes. Le 23 décembre, M. Giovanelli fut nommé lieutenant-colonel dans l'armée auxiliaire. Commandant d'une colonne volante, et plus tard, commandant le régiment des mobiles des Ardennes qui perdit à la bataille de Saint-Quentin neuf cents hommes, dont huit officiers. M. Giovanelli a été décoré de la Légion-d'Honneur à la suite de cette laborieuse campagne. Le caporal Meiller a obtenu la médaille militaire. — Ces services rendus font honneur à tout le corps.

## Compagnie des Guides fournie par la Direction de Dunkerque à l'armée du Nord.

| MM. | | MM. | |
|---|---|---|---|
| Reveillon, | capitaine. | Prince, | caporal. |
| Dardenne, | lieutenant. | Castelain | — |
| Pocholle, | 1er s.-lieutenant. | Queva, | — |
| Leys, | 2e — | Deman , | — |
| Darras, | adjudant-s.-officier. | Declerck, | — |
| Longueval, | sergent-major. | Vilers, | — |
| Colombel, | sergent-fourrier. | Pinot, | — |
| Barbier, | sergent. | Havart, | — |
| Sagary, | — | Gittinger, | clairon. |
| Darcourt, | — | Hauw, | — |
| Thery, | — | Borde, | soldat. |
| Gacens, | — | Godin, | — |
| Leys, | — | Lemarchand, | — |
| Lescarmontier, | — | Grenon, | — |
| Raccon, | — | Boone, | — |
| Bernard, | caporal. | Bernard, | — |
| Raepe, | — | Groche, | — |
| Couingnet, | — | Lebas, | — |
| Longueval, | — | Lemetayer, | — |
| Banckaert, | — | Delenclos, | — |
| Vanexem, | — | Briche, | — |
| Zeglrs, | — | Feray, | — |
| Lemattre, | — | Vincent, | — |
| Morhain, | — | Allenderl, | — |

| MM. | | MM. | |
| --- | --- | --- | --- |
| Poiret, | soldat. | Leleu, | soldat. |
| Danquin, | — | Meurs, | — |
| Ameline, | — | Joulliaert, | — |
| Desquand, | — | Timmerman, | — |
| David, | — | Palette (Isidore), | — |
| Molin, | — | Lott, | — |
| Maillard, | — | Hauw, | — |
| Magrit, | — | Clément | — |
| Nempon, | — | Galland (Pierre), | — |
| Vasseur (Honoré), | — | Reuder, | — |
| Palette (Thomas), | — | Sanson, | — |
| Fournier, | — | Bruyère, | — |
| Lebas, | — | Catry, | — |
| Martin, | — | Decocq, | — |
| Wecksteen, | — | Galland (Jean), | — |
| Deporcq, | — | Matringhem, | — |
| Docquincourt, | — | Vasseur (Georges), | — |
| Dobyser, | — | Sonneville, | — |
| Janssen, | — | Martin, | — |
| Bouchart, | — | Debont, | — |
| Cailleux, | — | Patfoort, | — |
| Magrit, | — | Vandaele, | — |
| Paturel, | — | Woussen, | — |
| Thuillier, | — | Blondeau, | — |
| Maecke, | — | Dauvergne, | — |
| Olivet, | — | Lefebvre, | — |
| Carré, | — | Spillebout, | — |
| Boullanger, | — | Sauvage, | — |
| Clément, | — | Verhille, | — |
| Decouinek, | — | Blouin, | — |
| Lepecquet, | — | Delesalle, | — |
| Ponté, | — | Feuvriet, | — |
| Vannobel, | — | Hemery, | — |
| Vasseur (François), | — | Lenclos, | — |
| Boone, | — | Louche, | — |
| Berkain, | — | Wallaert, | — |
| Beun, | — | Petel, | — |
| Dehaese, | — | Bertrand, | — |
| Dumont, | — | Vangraeschepe | — |
| Legout, | — | Loones, | — |

| MM. | | MM. | |
|---|---|---|---|
| Graux, | soldat. | Longueval, | soldat. |
| Prince, | — | Bernard, | — |
| Barboille, | — | Cuinet, | — |
| Ducloy, | — | Denecker, | — |
| Roy, | — | Vanhove, | — |
| Eckeman, | — | | |

Le détachement fourni par la direction de Dunkerque, a supporté avec courage toutes les rudes fatigues de l'armée du Nord, en traversant le plus rude des hivers. De ce côté encore, la discipline et la valeur n'ont jamais fait défaut.

---

## Légions des guides des Douaniers mobilisés au siége de Paris.

### ÉTAT-MAJOR.

MM.

Bigot (Félix-Albéric), ✻, commandant supérieur.

Veillon de Boismartin, sous-chef à la direction générale, délégué pour le service administratif, faisant fonctions de major.

Leboullenger (Alexandre), faisant fonctions de capitaine trésorier.

Pétrémant (Edouard), faisant fonctions de lieutenant-d'habillement.

Oblet, lieutenant d'armement.

Boudèle, capitaine adjudant-major du 1er bataillon.

Poidevin, capitaine adjudant-major du 2e bataillon.

Piétri, ✻, médecin-major.

Gallois, ✻, médecin aide-major.

### PETIT ÉTAT-MAJOR.

MM.

Adigard, adjudant sous-officier au 1er bataillon.

Fourasté, adjudant sous-officier au 2e bataillon.

Lebreton, ✻, adjudant sous-officier au 3e bataillon.

Birobent, adjudant sous-officier au 4e bataillon.

Prévot, adjudant sous-officier au 5e bataillon.

Conotte, sergent-vaguemestre.

Le Goff, sergent d'armement.
Lhotelleric, fourrier d'ordre.

M. Bigot, pour l'attention toute paternelle qu'il a montrée à l'égard des cinq bataillons, pendant leur long séjour à Paris, est devenu, près de tous, l'objet d'une profonde vénération. — MM. Veillon de Boismartin, Leboullenger et Pétrémant, ont sans cesse veillé, surtout pendant les nombreux jours difficiles, à donner les soins les plus empressés aux agents de tous grades. — Le lieutenant Oblet a toujours rempli son poste avec la plus scrupuleuse exactitude. — MM. Boudèle et Poidevin, capitaines de régiments de ligne, avaient été versés dans les bataillons des douaniers mobilisés, en qualité de capitaines adjudants-majors. Tous les douaniers rendent hommage aux talents militaires de ces deux capitaines et à leurs cœurs généreux. — MM. Piétri et Levallois méritent des remerciements de tous les bataillons, pour les soins affectueux et vigilants qu'ils ont donnés à la légion tout entière.

---

## Premier bataillon.

Commandant : M. DE BATSALLE, ✻.

*Première compagnie.*

(Fournie par la direction de Caen.)

| MM. | MM. | |
|---|---|---|
| Lepine, capitaine, auteur du présent livre. | Lefèvre, | caporal. |
| | Simon, | — |
| Lecanu, lieutenant. | Luce, | — |
| Derlot, — | Gaumain, | — |
| Adigard, adjud. s.-officier. | Adam, | — |
| Dupont, sergent-major. | Levallois, | — |
| Fardet, sergent. | Lecannellier (Albin), | — |
| Foubert, sergnt-fourrier. | Hue, | guide. |
| Lecannelier, sergent. | Dibon (Auguste), | — |
| Lainé, — | Fauvel, | — |
| Henry, — | Auvray (Eugène), | — |
| Lemasson, caporal. | Jouvin, | — |
| Launey, — | Langlois, | — |

| MM. | | MM. | |
|---|---|---|---|
| Beaufils, | guide. | Touillard, | guide. |
| Anjot, | — | Duval, | — |
| Giffard (Charles), | — | Dubois, | — |
| Daveney, | — | Jacquet, | — |
| Desperques, | — | Mahault, | — |
| Perrée, | — | Ruault, | — |
| Postaire, | — | Auvray (Georges), | — |
| Adam, | — | Lelièvre, | — |
| Bouchard, | — | Eudet, | — |
| Lemétayer, | — | Eve, | — |
| Richard, | — | Giffard (Jules), | — |
| Rosselin, | — | Leportier, | — |
| Anfray, | — | Burnel, | — |
| Rouil, | — | Gosselin, | — |
| Lecruelle, | — | Gautran, | — |
| Boisivon, | — | Cléro, | — |
| Isabet, | — | Dessuze, | — |
| Hostingue, | — | Baude, | — |
| Lenepveu, | — | Bordet, | — |
| Magdelaine, | — | Caignon, | — |
| Dupont (Pierre), | — | Héroult, | — |
| Dibon (Louis), | — | Philippe, | — |
| Pichard, | — | Hautot, | — |
| Choisnel, | — | Lehot, | — |
| Marion, | — | Cauvet, | — |
| Vasselin, | — | Dupont (Léopold), | — |
| Leprieur, | — | Bertrand, | — |
| Lion, | — | Leterrier, | — |
| Dumont, | — | Bourgon, | tambour. |

*Deuxième compagnie.*

(Fournie en partie par la direction de Chambéry.)

| MM. | MM. | |
|---|---|---|
| Nicod, capitaine. | Chatelain, sergent-fourrier. | |
| Cordier, lieutenant. | Besson, | sergent. |
| Chapey, lieutenant. | Bordaz, | — |
| Levasseur, sous-lieutenant. | Savarin, | — |
| Pontagnier, sergent-major. | Ferrié, | — |

*N. B.* — La 2ᵉ compagnie possédait 2 lieut.ˢ et 1 sous-lieut.

| MM. | | MM. | |
| --- | --- | --- | --- |
| Vouatoux, | sergent. | Leneveu, | guide. |
| Ruffet, | — | Clot, | — |
| Neyret, | caporal. | Colo, | — |
| Bérard, | — | Faure, | — |
| Léauthaud, | — | Provenat, | — |
| Duborgel, | — | Courbe (Micholet), | — |
| Josserand, | — | Pélissier, | — |
| Servage, | — | Guoud, | — |
| Lambert, | — | Vérand, | — |
| Jartoux, | — | Barbier, | — |
| Blanc, | tambour. | Rebuffet, | — |
| Migieu, | clairon. | Dupont (Jean-Marie), | — |
| Gal, | soldat. | Lion, | — |
| Brasier, | guide. | Robert, | — |
| Pigny, | — | Cadoux, | — |
| Pernod, | — | Blanc (Joseph), | — |
| Poulat, | — | Colliard, | — |
| Verdet, | — | Rigaud, | — |
| Guillaume, | — | Borgel, | — |
| Janon, | — | Michelon, | — |
| Grimonet, | — | Coquet, | — |
| Richard. | — | Requet, | — |
| Perillat, | — | Fourrat, | — |
| Blanc (Quintel), | — | Rochat, | — |
| Pollieud, | — | Burlet, | — |
| Chavand, | — | Julhien, | — |
| Guerre, | — | Grandchamp, | — |
| Croset, | — | Duchêne (Eugène), | — |
| Mercier, | — | Calmès, | — |
| Bois, | — | Chaudet, | — |
| Valliez, | — | Vincent, | — |
| Coursier, | — | Alphonse, | — |
| Dupont (Denis). | — | Neyret, | — |
| Demerninge, | — | Nirefoi, | — |
| Guod. | — | Quilbier, | — |
| Monneret, | — | Vuagnoux, | — |
| Albertin, | — | Chevallier, | — |
| Michel, | — | Tissot, | — |
| Champiot, | — | Machon, | — |
| Duchêne (Jean-Louis), | — | Gavet, | — |

*Troisième compagnie.*

(Fournie en partie par la direction de Charleville.)

| MM. | | Divoy, | guide. |
|---|---|---|---|
| Fresson, capitaine. | | Dropsy, | — |
| Davesne, lieutenant. | | Druart, | — |
| Besson, lieutenant. | | Feltz, | — |
| Guillet, sergent-major. | | Forget, | — |
| Rauvez, sergent-fourrier. | | Fricot, | — |
| Alexandre, | sergent. | Frisch, | — |
| Delpature, | — | Gaillard, | — |
| Dominé, | — | Gallot, | — |
| Mermet, | — | Gillet, | — |
| Duplan, | caporal. | Grandjean, | — |
| Demorgny, | — | Guilbaut, | — |
| Deprez, | — | Halté, | — |
| Huet, | — | Hauquet, | — |
| Menn, | — | Heintz, | — |
| Pécheux, | — | Hercisse, | — |
| Perlier, | — | Housseaux, | — |
| Pilardeau, | — | Hubert, | — |
| Anceaux, | guide. | Hurier, | — |
| Barré, | — | Jacquemart, | — |
| Bodson, | — | Jockum, | — |
| Bosquet, | — | Lallement, | — |
| Bourseur, | — | Laurent, | — |
| Carly, | — | Leroy, | — |
| Champagne, | — | Mars, | — |
| Charles, | — | Maurice, | — |
| Clammes, | — | Muiet (Nicolas), | — |
| Couaillier, | — | Muiet (Victor), | — |
| Courtois, | — | Mue, | — |
| Crépin, | — | Oget, | — |
| Day, | — | Parent, | — |
| Dangé, | — | Paté, | — |
| Daussoigne, | — | Petitfrère, | — |
| Defravre, | — | Périn, | — |
| Degimbé, | — | Pierron, | — |
| Dessery (Alphonse), | — | Pilardeau, | — |
| Dessery (Victor), | — | Renard, | — |
| Detrigue, | — | Ricault, | — |

| MM. | | MM. | |
|---|---|---|---|
| Rieux, | guide. | Villain, | guide. |
| Royer, | — | Villeval, | — |
| Sauvage, | — | Waharte, | — |
| Schmaltz, | — | Woirlier, | — |
| Stoltz, | — | Monnin, | — |
| Tourneux, | — | | |

*Quatrième Compagnie.*

(Fournie en partie par la direction de Chambéry.)

| MM. | | MM. | |
|---|---|---|---|
| Guinguené, | capitaine. | Cagnon, | guide. |
| Marijon, | lieutenant. | Cautez Dido, | — |
| Neuvesselle, | — | Chatelard, | — |
| Saint-Jours, | sergent-major, | Cavagnat, | — |
| Regnier, | sergent-fourrier, | Chatelot, | — |
| Berger, | sergent. | Chautemps, | — |
| Collomb, | — | Chevalier, | — |
| Colo, | — | Clavel, | — |
| Monnier, | — | Cornu. | — |
| Albert, | caporal. | Cretin, | — |
| Delatour, | — | David, | — |
| Deruaz, | — | Devillard, | — |
| Duchène, | — | Dubouchel, | — |
| Isard, | — | Ducret, | — |
| Marguier, | — | Dupautex, | — |
| Monnet, | — | Dupraz, | — |
| Reymond, | — | Doche, | — |
| Arpin, | guide. | Eminet, | — |
| Agé, | — | Faivre, | — |
| Barrelle, | — | Favre, | — |
| Bel, | — | Fétel, | — |
| Belin, | — | Filloux, | — |
| Berthet Bondet, | — | Forestier, | — |
| Besson, | — | Garadier, | — |
| Blanchet, | — | Giet, | — |
| Boillon, | — | Girel, | — |
| Borel, | — | Gresset, | — |
| Bosson, | — | Gret, | — |
| Buffard, | — | Guillermin, | — |

MM.

| | | | |
|---|---|---|---|
| Jacquenot, | guide. | Novel, | guide. |
| Julliand, | — | Pernoud, | — |
| Labourier, | — | Persoud, | — |
| Lacroix (Emile), | — | Pery, | — |
| Lacroix (Jules), | — | Rebut, | — |
| Lamouille, | — | Romand, | — |
| Léger, | — | Rosset, | — |
| Lépine, | — | Rossier, | — |
| Lévrier, | — | Sérignaz, | — |
| Majournax, | — | Tissot, | — |
| Martelet, | — | Volland, | — |
| Monaton, | — | Vittoz, | — |
| Mudry, | — | Delfont, | clairon. |
| Némoz, | — | Joly, | — |

*Cinquième compagnie.*

(Fournie en partie par la direction de Bourg.)

MM.

| | | | |
|---|---|---|---|
| Dresch, | capitaine. | Gaillard, | soldat. |
| Chapey, | lieutenant. | Vuillet, | — |
| Durochat, | sous-lieutenant. | Colombe, | — |
| Buffa, | sergent-major. | Rey, | — |
| Berger, | sergent. | Lagnieu, | — |
| Poulet, | — | Gonod (Louis), | — |
| Jourdan, | — | Jacquinod, | — |
| Rarbier, | — | Garin-Béró, | — |
| Percevaux, | — | Vanel, | — |
| Loison, | sergent-fourrier. | Reymond, | — |
| Chretin, | caporal. | Buisson, | — |
| Perrier, | — | Dupont, | — |
| Burdin, | — | Carrotte, | — |
| Gavard, | — | Burdet, | — |
| Bouvier, | — | Dumont, | — |
| Blanchon, | — | Bondet, | — |
| Gonod, | — | Morlens, | — |
| Michaud, | — | Durafour, | — |
| Béjannin, | soldat. | Berthod, | — |
| Berrod, | — | Allombert-Blaise. | — |
| David, | — | Girel, | — |

| MM. | | MM. | |
|---|---|---|---|
| Vuillard, | soldat. | Favre, | soldat. |
| Dalloz, | — | Bernard, | — |
| Boix, | — | Monnet, | — |
| Rodet, | — | Rosiot, | — |
| Buffard-Morel, | — | Juliard, | — |
| Cochet, | — | Michaud, | — |
| Colo, | — | Vernoix, | — |
| Allombert, | — | Roulet, | — |
| Berthet-Bondet, | — | Rendu, | — |
| Danrez, | — | Curtenaz, | — |
| Ulliet, | — | Gabet, | — |
| Gauthier, | — | Senaud, | — |
| Favre, | — | Danrey, | — |
| Mutir-Bondet, | — | Ardon, | — |
| Bertrand, | — | Gros-légiat, | — |
| Mathieu, | — | Bonaz, | — |
| Gaillard, | — | Buffard, | — |
| Mermet, | — | Hugon-Janin, | — |
| Durafour, | — | Carrier, | — |
| Courbe-Michollet, | — | Grenard, | tambour. |

*Sixième compagnie.*

(Fournie par plusieurs directions.)

| MM. | | MM. | |
|---|---|---|---|
| Prima, | capitaine. | Eloy, | caporal. |
| Jonart, | lieutenant. | Barré, | guide. |
| Chevalier, | sous-lieutenant. | Lainel, | — |
| Moine, | sergent. | Détouillon, | — |
| Simonet, | — | Nice, | — |
| Audoire, | — | Leclère, | — |
| Haize, | — | Dubosq, | — |
| Hodille, | sergent-fourrier. | Martin, | guide. |
| Pillet, | caporal. | Loiseleur, | — |
| Maire, | — | Huet, | — |
| Tissot, | — | Dedunois, | — |
| Hue | — | Gaillard, | — |
| Coutier, | — | Pezet, | — |
| Desgranges, | — | Lainé, | — |
| Palluel, | — | Etienne, | — |

| MM. | | MM. | |
|---|---|---|---|
| Guilbert, | guide. | Gariod, | guide. |
| Lefebvre, | — | Brunet, | — |
| Agnès, | — | Michaud, | — |
| Grossin, | — | Vuillet, | — |
| Goubert (Jean-Pierre), | — | Raphoz, | — |
| Quenault, | — | Dutruel, | — |
| Leboulanger, | — | Chaumontet, | — |
| Delallée, | — | Faure-Brac, | — |
| Lecormier, | — | Vuarrier, | — |
| Laigle, | — | Clavel, | — |
| Rigot, | — | Vuagnoux, | — |
| Douesnard, | — | Barthélemy, | — |
| Paisant, | — | Trottet, | — |
| Goubert-Bou, | — | Delsart, | — |
| Lemetayer, | — | Luxembourger, | — |
| Bejannin, | — | Tarby, | — |
| Mermod, | — | Ravold, | — |
| Mouvant, | — | Minvielle, | — |
| Morcelet, | — | Péronne, | — |
| Bailly-Maître, | — | Vigne, | — |
| Michat, | — | Hervé, | — |
| Zerr, | — | Piquerelle, | — |
| Melet, | — | Bornée, | — |
| Mariettaz, | — | Brimont, | — |
| Neyroud, | — | Descieux, | — |
| Perret, | — | Dudout, | — |
| Roché, | — | Colomb. | — |
| Gaudet, | — | Beatrix, | — |

Le 1er bataillon, exercé sous l'impulsion habile de son commandant, ancien élève de l'Ecole militaire, était devenu une excellente légion d'infanterie. — La tâche importante qui lui a été départie pendant le siége, a été de garder les Finances, la Bourse, les magasins aux vivres, la Banque, le parc à bestiaux, etc. — Depuis le 26 février jusqu'au 18 mars, il a campé sur le boulevard de la Chapelle, foyer de l'insurrection menaçante, pour y maintenir l'ordre. — Du 16 février jusqu'au 26, la 1re compagnie, sous le commandemeut du lieutenant, M. Derlot, le capitaine et le lieutenant en 1er étant malades, a fait le service dans Vaugirard sous la pluie des obus prussiens. — Le 18 mars, seul, M. Bigot, commandant supérieur, restait dans Paris pour faire rapatrier les détachements des douaniers.

M. Ginguené, faisant fonctions de capitaine adjudant-major au 1er bataillon, reçut l'ordre de ce supérieur de rallier sur le Champ-de-Mars les compagnies campées encore à la Chapelle; mais il fut envahi par l'insurrection, sans pouvoir fuir. Dans ce pressant danger, ce brave capitaine, au sang-froid remarquable, parlementa avec les insurgés qui le nommèrent commandant de l'un de leurs bataillons, et investi ainsi de l'autorité que ce titre lui donnait et qu'il avait feint d'accepter, il parvint, dans la nuit suivante, à faire échapper les nombreux donaniers restés sans armes dans ces quartiers en feu et à se sauver avec eux.

---

## Deuxième Bataillon.

Commandant : M. DE RANCOURT, ☀.

*Première Compagnie.*

(Fournie par la direction de Bordeaux.)

| MM. | | MM. | |
|---|---|---|---|
| Vautravers, | capitaine. | Puyo, | caporal. |
| Bezian, | sous-lieutenant. | Bernard, | guide. |
| Delord, | — | Boisseau, | — |
| Fourasté, | adj.-s.-officier. | Bordes, | — |
| Huguet, | sergent-major. | Castet, | — |
| Alzieu, | sergent. | Décap, | — |
| Tripota, | — | Dedieu, | — |
| Faure, | — | Delpla, | — |
| Ventresque, | — | Despagne, | — |
| Dartenuc, | caporal. | Domeuge, | — |
| Berrier, | — | Dufau, | — |
| Bentayon, | — | Gangourdo, | — |
| Lavedan, | — | Guerry, | — |
| Leparoux, | — | Lafaurre, | — |
| Condou, | — | Laprebande, | — |
| Darbe, | — | Lecoufle, | — |

| MM. | | MM. | |
|---|---|---|---|
| Lupréau, | guide. | Lucas, | guide. |
| Mauléon, | — | Mège, | — |
| Pujol, | — | Oıry, | — |
| Rixens, | — | Parceiller, | — |
| Sajous, | — | Périé, | — |
| Sapène, | — | Rétif, | — |
| Seugnet, | — | Roy, | — |
| Tilou, | — | Soleil, | — |
| Tolosat, | — | Taris, | clairon. |
| Traoès, | — | Barbe, | guide. |
| Dambon, | — | Dubourg, | — |
| Dutruch, | — | Leglise. | — |
| Poulon, | — | Saint-Yrdex, | — |
| Bidegain, | — | Guilbon, | — |
| Bourrée, | — | Bonel, | —. |
| Camblong (Gabriel), | — | Subercaze, | — |
| Camblong (Jean), | — | Duben, | —. |
| Carreau, | — | Guerriet, | — |
| Constant, | clairon. | Bordelais, | —. |
| Creuzé, | guide. | Ducos, | — |
| Daguerre, | — | Mercier, | — |
| Etcheb·rry, | — | Minary, | — |
| Faure (Pierre), | — | Ducoussot, | —. |
| Faure (Péret), | — | Lacourreye, | — |
| Jouanine, | — | Campassens, | —. |
| Juantéguy, | — | Mesuret, | —. |

*Deuxième Compagnie.*

(Fournie en partie par la direction de Boulogne.)

| MM. | | MM. | |
|---|---|---|---|
| David de Pénaurun, capit⁰. | | Habart, | capocal. |
| Feillet, lieutenant. | | Palette, | — |
| Soulier, sous-lieutenant. | | Butez, | — |
| Broquel, sergent-major. | | Piveteau. | — |
| Malo, sergent-fourrier. | | Poindefer, | — |
| Barbe, sergent. | | Pedron, | — |
| Wacogne, | — | Lefebvre, | — |
| Evrard, | — | Legoussouard, | — |
| Pressoir, | caporal. | Arondelle, | guide. |

| MM. | | MM. | |
|---|---|---|---|
| Baron, | guide. | Lebourgeois, | guide. |
| Billier, | — | Legrand, | — |
| Bon, | — | Lemaître, | — |
| Bras, | — | Lemattre (François), | — |
| Chevailliez, | — | Lemattre (Jean), | — |
| Cordier, | — | Leménager, | — |
| Coulombel, | — | Lemetayer, | — |
| Courtois, | — | Lepierrès, | — |
| Crépin (Achille), | — | Leprette, | — |
| Crépin (Charles), | — | Lesueur, | clairon. |
| Cuvillier, | — | Letouzé, | guide. |
| Delahaye, | — | Lhannes, | — |
| Delgove, | — | Mabille, | — |
| Delsaux, | — | Macquet, | — |
| Dion, | — | Malfoy, | — |
| Douchain, | — | Masson, | — |
| Drumez, | — | Mauer, | — |
| Ducloy, | — | Masias, | — |
| Fauchois, | — | Montanglos, | — |
| Fenouillière, | — | Pichot, | — |
| Gâté, | — | Pille, | — |
| Gavel, | — | Potier, | — |
| Gilles, | — | Pruvost, | clairon. |
| Greumel, | — | Richard, | guide. |
| Grumelart, | — | Rogéré, | — |
| Hauvet, | — | Roussellu, | — |
| Henry, | — | Royer, | — |
| Horville. | — | Simon, | — |
| Jeaugeon, | — | Thil, | — |
| Jego, | — | Wadoux, | — |
| Julien, | — | Wagner, | — |
| Dibon, | — | Waluzel, | — |
| Lang, | — | Pignon, | — |
| Lavoine, | — | Tilloy, | — |

*Troisième Compagnie.*

(Fournie en partie par la direction de Lille.)

| MM. | MM. |
|---|---|
| Coquelet, capitaine. | Grandjean, sous-lieutenant. |
| Ogé, lieutenant. | D'Hervilly, sergent-major. |

| MM. | | MM. | |
|---|---|---|---|
| Mallet, | sergent. | Gravelines, | guide. |
| Favier, | — | Gwünner, | — |
| Merlier, | — | Dodane, | — |
| Philippe | | Tranet, | — |
| D'Estrée, | sergent-fourrier. | Delberque, | — |
| Leclercq, | caporal. | Dhainant, | — |
| Hache, | — | Debouvry, | — |
| Mouchel. | — | Douliez, | — |
| Viel, | — | Dufour, | — |
| Verguet, | — | Moulin, | — |
| Henuer, | — | Pannier, | — |
| Vannoye, | — | Roux, | — |
| Baudron, | — | Terrier. | — |
| Delcroix, | guide. | Roffin, | — |
| Marécaux, | — | Vuillin, | — |
| Groult, | — | Delbergue, | — |
| Brasseur, | — | Brienne, | — |
| Arondel, | — | Petit, | — |
| Dubus (Louis), | — | Pred'homme, | — |
| Rouland, | — | Druart, | — |
| Masquelet, | — | Déchirot, | — |
| Louvet, | — | Pernin, | — |
| Wartelle, | — | Mansquest, | — |
| Wilkin, | — | Versquel, | — |
| Droguet, | — | Armand, | — |
| Gruson, | — | Dechy, | — |
| Fornier (Jean), | — | Duval, | — |
| Fornier (Amand), | — | Blicq, | — |
| Dubus (Léon), | — | Lecutier, | — |
| Duez, | — | Lemaire, | — |
| Médard, | — | Feray, | — |
| Dumortier, | — | Delannoy, | — |
| Dénecker, | — | Jacq, | — |
| Lefevre, | — | Luce, | — |
| Conque, | — | Plecq, | — |
| Merlier, | — | Houche, | — |
| Carré, | — | Briche, | — |
| Laguez, | — | Prot, | — |
| Drubigny, | — | Massé, | — |
| Sambourg, | — | Choisy, | — |

*Quatriéme Compagnie.*

(Fournie par la direction de la Rochelle.)

| MM. | | MM. | |
|---|---|---|---|
| Ferras, capitaine. | | Robin, | guide. |
| Desoches, lieutenant. | | Bouchereau, | — |
| Divry, sous-lieutenant. | | Sauvé, | — |
| Joly, sergent-major. | | Baurez, | — |
| Mandin, | sergent. | Larrey, | — |
| Souchet, | — | Calvel, | — |
| Cousture, | — | Asselin (Théodore), | — |
| Ricolleau, | — | Caron, | — |
| Menant, | sergent-fourrier. | Couillard, | — |
| Mauret, | caporal. | Dumont, | — |
| Taillade, | — | Fournier, | — |
| Guillon, | — | Holleville, | — |
| Pagès, | — | Huret, | — |
| Gaslonde, | — | Lardet, | — |
| Chapel, | — | Asselin (Nicolas), | — |
| Vincenot, | — | Mocquet, | — |
| Cazebonne, | — | Thiébault, | — |
| Desrues, | clairon. | Boissel, | — |
| Tardé, | — | Crouy, | — |
| Billoure, | guide. | Languerre, | — |
| Lethiec, | — | Berrier, | — |
| Salles, | — | Morcant, | — |
| Charry, | — | Ledevé, | — |
| Lemitouard, | — | Blondin, | — |
| Pierre, | — | Soulé, | — |
| Fumoleau, | — | Thieulent, | — |
| Aunis, | — | Legardien, | — |
| Molgat, | — | Tirel, | — |
| Jugan, | — | Lefebvre, | — |
| Bon, | — | Rocq, | — |
| Tardé, | — | Deguerre, | — |
| Bobin, | — | Guilbert, | — |
| Rotturier, | — | Lateurtre, | — |
| Courset, | — | Leménager, | — |
| Lebarillec, | — | Thauvel, | — |
| Brioule, dit Cambail, | — | Morer, | — |

MM.

| Giard, | guide. |
|---|---|
| Mazier, | — |
| Alexandre (Léon), | — |

MM.

| Famery, | guide. |
|---|---|
| Cabot, | — |
| Alexandre (Émile), | — |

## *Cinquième Compagnie.*

(Fournie en partie par direction de Rouen.)

MM.

| Turbert, ✿, capitaine. | |
|---|---|
| Mayer, lieutenant. | |
| Onfroy, | — |
| Duquesne, sergent-major. | |
| Lemarchand, ☗, sergent. | |
| Louchard, | — |
| Brochet, | — |
| Maron, | — |
| Boulenger, serg-fourrier. | |
| Lesourd, | caporal. |
| Fréret, | — |
| Cottard, | — |
| Capel, | — |
| Leprêtre, | — |
| Moitié, | — |
| Déville, | — |
| Morel, | — |
| Foucher, | clairon. |
| Palos, | tambour. |
| Delafenestre, | guide. |
| Poidevin, | — |
| Guéroult, | — |
| Bosquier, | — |
| Perdrix, | — |
| Anjot, | — |
| Olivier, | — |
| Vauvray, | — |
| Michel, | — |
| Buquet, | — |
| Séer, | — |
| Digard, | — |
| Gosse, | — |

MM.

| Simon, | guide. |
|---|---|
| Courtin, | — |
| Duvrac, | — |
| Galbadon, | — |
| Destin, | — |
| Lamy, | — |
| Lemaître, | — |
| Cabour, | — |
| Dupray, | — |
| Manet, | — |
| Révérand, | — |
| Barbier, | — |
| Durand, | — |
| Bosquet, | — |
| Robert, | — |
| Féret, | — |
| Lefebvre (Prudent). | — |
| Lefebre (Alfred), | — |
| Lebellois, | — |
| Roussel, | — |
| Quesnel, | — |
| Périer, | — |
| Catherine, | — |
| Dujardin, | — |
| Jouvin, | — |
| Lepallier, | — |
| Aubert, | — |
| Olivier, | — |
| Anquetil, | — |
| Chéron, | — |
| Déconihout, | — |
| Duchène, | — |

| MM. | | MM. | |
|---|---|---|---|
| Fleury, | guide. | Morin, | guide. |
| Fournier, | — | Legentil, | — |
| Jacob, | — | Persil, | — |
| Legallet, | — | Burnouf, | — |
| Leroyer, | — | Leprestre, | — |
| Turgard, | — | Alliot, | — |
| Quesnel, | — | Lefort, | — |
| Duchemin, | — | Marest, | — |
| Livoury, | — | Millet, | — |
| Delabarre, | — | Billy, | — |
| Ruisseau, | — | Jeannin, | — |
| Tolmer, | — | Férand, | — |
| Fontaine, | — | Narrat, | — |
| Alleu, | —, | Rénet, | — |
| Gombault, | — | | |

### Sixième Compagnie.

(Fournie par plusieurs directions.)

| MM. | | MM. | |
|---|---|---|---|
| Lerdon, capitaine. | | Casteig, | guide. |
| Diseur, sous-lieutenant. | | Langlois, | — |
| Serres, | — | Lebouis, | — |
| Lemonnier-Dubuc, sergent-major. | | Yon, | — |
| | | Voisin, | — |
| Latour, sergent-fourrier. | | Grenon, | — |
| Dussoubs, | sergent. | Colignon, | — |
| Ferrié, | — | Conte, | — |
| Mathieu, | — | Giot, | — |
| Dulon, | — | Bréard, | — |
| Lestrade, | caporal. | Francal, | — |
| Lartique, | — | Lurois, | — |
| Bordes, | — | Lecanelier, | — |
| Bassahon, | — | Samson, | — |
| Malleville, | — | Godériaux jeune, | — |
| Saussey, | — | Girault, | — |
| Delample, | — | Foloppe, | — |
| Bacqua, ✠, | — | Julien, | — |
| Charlet, | guide. | Barguet, | — |
| Trébuc, | — | Canet, | — |

| MM. | | MM. | |
| --- | --- | --- | --- |
| Baillon, | guide. | Lacombe, | guide. |
| Auzon, | — | Dousset, | — |
| Hillairet, | — | Taffernaberry, | — |
| Gauthier, | — | Bassahon, | — |
| Marie, | — | Oliviero, | — |
| Godériaux, | — | Deboullay, | — |
| Lavessière, | — | Lacoste, | — |
| Devaux, | — | Quinio, | — |
| Pichard, | — | Legoussard, | — |
| Gainville, | — | Neau, | — |
| Auger, | — | Canal, | — |
| Mabille, | — | Hecquet, | — |
| Campagne, | — | Lefranc, | — |
| Legrand, | — | Sansuc, | — |
| Talmy, | — | Meynard, | — |
| Rainau, | — | Destieux, | — |
| Saint-Jean, | — | Meunier, | — |
| Claverie, | — | Pujol, | — |

Excepté la cinquième compagnie, placée durant tout le siége, dans les remparts, au poste-caserne n° 389, le deuxième bataillon, pendant la plus grande partie de l'investissement, a participé à la même tâche que le 1er bataillon. — Pendant le bombardement, il a campé dans les remparts de Vaugirard pour défendre la porte de Sèvres en cas d'assaut.

Le commandant, M. de Rancourt, a été décoré, ainsi que M. Turbert, capitaine de la cinquième compagnie.

Le sergent Lemarchand, de la cinquième compagnie, et le caporal Bacqua, de la sixième, ont été décorés de la médaille militaire.

Le sous-lieutenant Soulier, de la deuxième compagnie, a été cité à l'ordre du jour pour sa belle conduite à la prison de Sainte-Pélagie le 4 septembre, étant. lui et ses hommes menacés d'être débordés par les malfaiteurs révoltés. Le sang-froid et l'énergie de cet officier ont dominé l'agitation de ces criminels confiés à sa garde, et contre lesquels il fit croiser la baïonnette.

## Troisième Bataillon.

Commandant : M. DE CUERS, ✳.

### Première Compagnie.

(Fournie par la direction de Brest.)

| MM. | | MM. | |
|---|---|---|---|
| Vouselaud, ✳, capitaine. | | Charetteur, | guide. |
| Bazerque, | lieutenant. | Conan, | — |
| Guizolphe, | — | Créach (Alfred), | — |
| Lebreton, ☗, adjudant. | | Créach (Louis), | — |
| Christophe, sergent-major. | | Cueff, | — |
| Arbey, sergent. | | Darthois, | — |
| Conotte, serg.-vaguemestre. | | Danzé, | — |
| Duclos, | sergent. | Delaboixière, | — |
| Martin, | — | Dubois, | — |
| Raisonnet, | — | Fargis, | — |
| Saliou, ☗, sergent-fourrier. | | Fecquet, | — |
| Andrieux, | caporal. | Fichot, | — |
| Cotten, | — | Fichoux, | — |
| Deuffic, | — | Fortin (Auguste), | — |
| Francès, | — | Fortin (Henri), | — |
| Laurent, | — | Garo, | — |
| N'Hostis, | — | Gehin, | — |
| Morvan, | — | Goasguen, | — |
| Nastorg, | — | Goulard, | — |
| Arbez, | guide. | Guinger, | — |
| Balanant, | — | Guiriec (Gabriel), | — |
| Blanchereau, | — | Guiriec (Guillaume), | — |
| Baude, | — | Guiriec (Louis), | — |
| Bediez, | — | Guyader, | — |
| Bian, | — | Héliès, | — |
| Billant, | — | Hamon, | — |
| Boissel, | — | Jacq (Jean), | — |
| Brunterch, | — | Jacq (Joseph), | — |
| apitaine, | — | Jamet, | — |
| Castel, | — | Jezequel, | — |
| Clauire, | — | Krien, | — |
| Chapalain, | — | Kvella, | — |
| happeron, | — | Lebihan, | — |

| MM. | | MM. | |
|---|---|---|---|
| Lecaillon, | guide. | Melguen, | guide. |
| Lecœur, | — | Meilard, | — |
| Lecultier, | — | Morin, | — |
| Ledrézen, | — | Morvan, | — |
| Legall, | — | Pagnot, | — |
| Legarrec, | — | Postic, | — |
| Legodec, | — | Quintric (Pierre), | — |
| Lehir, | — | Quintric (Alexandre), | — |
| Lequilliec, | — | Salaün, | — |
| Lerus, | — | Santy, | — |
| Lesteven, | — | Urien, | — |
| Manson, | — | Wacrenier, | — |

## Deuxième Compagnie.

(Fournie par la direction de Saint-Brieuc.)

| MM. | | MM. | |
|---|---|---|---|
| Grandidier, ✻, capitaine. | | Allot, | guide. |
| Falaise, | lieutenant. | Audrin, | — |
| Courriaut, | — | Auffray, | — |
| Lequerrec, sergent-major. | | Avril (Émile), | — |
| Lhotellerie, serg.-fourrier. | | Avril (Louis), | — |
| Lemanceau, | — | Bailbled, | — |
| Boulloux, | sergent. | Baudet, | — |
| Rémond, | — | Baudouard, | — |
| Heisler, ☿, | — | Barçon, | — |
| Bocher, | — | Besnier, | — |
| Le Goff, sergent d'armemt. | | Blémus, | — |
| Guibert, | capora | Briond, | — |
| Cadiou, | — | Brouard, | — |
| Le Rolland, | — | Caillet, | — |
| Guibert, | — | Camard, | — |
| Legall, | caporal. | Charlot | — |
| Le Lay, | — | Châtelier, | — |
| Cambray, | — | Cornu, | — |
| Besnard, | — | Dagorne (Jean), | — |
| Lehéricé, ☿, | — | Dagorne (Baptiste), | — |
| Tardivel, | — | Daniel, | — |
| Lechevanton, | clairon. | Debroise, | — |
| Lepecquet, | — | Denis, | — |

| MM. | | MM. | |
|---|---|---|---|
| Duchesne, | guide. | Merpaux, | guide. |
| Dupré, | — | Meury, | — |
| Frohard, | — | Moisan, | — |
| Garnier (Emile), | — | Pilard, | — |
| Garnier (Antoine), | — | Quémérais, | — |
| Gautier, | — | Quéréel, | — |
| Gour, | — | Remond, | — |
| Guégan, | — | Renaud, | — |
| Guinard, | — | Richard, | — |
| Harlet, | — | Riou (Jean), | — |
| Hery, | — | Riou (Joseph), | — |
| Jaffrelo, | — | Rouault (Joseph), | — |
| James, | — | Rouault (Jean), | — |
| Jasson, | — | Roussé, | — |
| Labarre, | — | Thomas, | — |
| Landais, | — | Urvoy, | — |
| Lasbleiz, | — | Bougeard, | — |
| Leblanc, | — | Douenne, | — |
| Leclerc, | — | Guihot, | — |
| Lecollet, | — | Hogué, | — |
| Lefléchant, | — | Le Guen, | — |
| Leguen, | — | Le Razavet, | — |
| Le Guiot, | — | Nicolas, | — |
| Lemoine, | — | Noël, | — |
| Lemonnier, | — | Pérou, | — |
| Leroux, | — | Tassel, | — |
| Letouzé, | — | Thomas, | — |
| Machuré, | — | Trancart, | — |
| Marquer, | — | Trehiou, | — |
| Meaux, | — | Yves, | — |
| Menard, | — | | |

## Troisième Compagnie.

(Fournie par la direction de Vannes.)

| MM. | | MM. | |
|---|---|---|---|
| Helleu, ✳, capitaine. | | Lebarillec, sergent-fourrier |
| Beynaguet, | lieutenant. | Villemot, | sergent. |
| Leroy, | — | Alzieu, | — |
| Laurent, | sergent-major. | Jouan, | — |

| MM. | | MM. | |
|---|---|---|---|
| Touzé, | sergent. | Le Gléver, | guide. |
| Frappin, | caporal. | Perrodo, | — |
| Leduc, | — | Legallic, | — |
| Bosser, | — | Dodeur, | — |
| Perrodo, | — | Robert, | — |
| Billy, | — | Chatellier, | — |
| Rouaut, | — | Hervé, | — |
| Lerouzique, | — | Eonin, | — |
| Carré, | — | Rouillard, | — |
| Elleboode, | tambour. | Goupil, | — |
| Wallon, | clairon. | Dugué, | — |
| Lecler, | guide. | Hubert, | — |
| Dréano, | — | Le Boulicaut, | — |
| Pierre, | — | Tréhin, | — |
| Baubigny, | — | Le Luc, | — |
| Orgebin, | — | Cavalin, | — |
| Lethiec, | — | Marchand, | — |
| Richard, | — | Picaut, | — |
| Dautreau (Jules). | — | Letalhouidec, | — |
| Morgan (Julien), | — | Camenen, | — |
| Legac, | — | Coléno, | — |
| Leloup, | — | Bodevin, | — |
| Lecler, | — | Héno, | — |
| Guérin, | — | Morice, | — |
| Dautreau (Auguste). | — | Ezan, | — |
| Danic, | — | Lemée, | — |
| Ledoublic, | — | Lorvol, | — |
| Le Derf, | — | Burguin, | — |
| Mazier, | — | Jouadé, | — |
| Blancho, | — | Leguennec, | — |
| Billy, | — | Bainvel, | — |
| K/grohen, | — | Morgan (Jean), | — |
| Houeix, | — | Petit, | — |
| Déloget, | — | Richard, | — |
| Dréan, | — | Fardel, | — |
| Dano, | — | Leblay, | — |
| Guillet, | — | Dufourd, | — |
| Marion, | — | Picard, | — |
| Lavenotte, | guide. | Denis, | — |

| MM. | | MM. | |
|---|---|---|---|
| Lefranc, | guide. | Gillory, | guide. |
| Legodec, | — | Gaverand, | — |

*Quatrième Compagnie.*

(Fournie par la direction du Havre.)

| MM. | | MM. | |
|---|---|---|---|
| De Méric, ✳, capitaine. | | Feuilloley, | guide. |
| Prévost, ✳, | lieutenant. | Hauchard, | — |
| Frémond, | — | Lecouvey, | — |
| Duroisel, | sergent-major. | Duval (Auguste), | — |
| Leclerc, ☙, | sergent. | Rigout, | — |
| Basin, | — | Lelong, | — |
| Lefebvre, | — | Leroy, | — |
| Caumont, | — | Duval (Arthur), | — |
| Lamotte, | sergent-fourrier. | Mazier, | — |
| Pesnelle, | caporal. | Lafosse, | — |
| Deschamps, | — | Lemoigne, | — |
| Bedel, | — | Hue, | — |
| Bouvier, | — | Legal, | — |
| Massis, | — | Vautier, | — |
| Teurqucty, | — | Douville, | — |
| Lurienne, | — | Dallet, | — |
| Racine, | — | Lecesne, | — |
| Rioult, | tambour. | Vattement, | — |
| Martin, | clairon. | Beuve, | — |
| Dogon, | soldat. | Ozouf, | — |
| Thauvel, | guide. | Simenel, | — |
| Obry, | — | Hardy, | — |
| Leprêtre, | — | Bastel, | — |
| Pollet, | — | Paguais, | — |
| Rioult, | — | Delaune, | — |
| Devaux, | — | Martel, | — |
| Lamy, | — | Lecouvey, | — |
| Malherbe, | — | Bellée, | — |
| Renet, | — | Lelong, | — |
| Lecuyer (Eugène), | — | Turquetille, | — |
| Lecuyer (Pierre), | — | Lemesle, | — |
| Paumier, | — | Arondel, | — |
| Ozerais, | — | Gens, | — |

| MM. | | MM. | |
|---|---|---|---|
| Bonneau, | guide. | Desheulles, | guide. |
| Saout, | — | Henry, | — |
| Dubuc, | — | Lemière, | — |
| Bouillier, | — | Frappier, | — |
| Thiebault, | — | Jacques, | — |
| Deneuve, | — | Pauchon, | — |
| Giot, | — | Harrivel, | — |
| Lesrel, | — | Vattement, | — |
| Deschamps, | — | Lenouvel, | — |
| Renault, | — | Lebigre, | — |
| Lecoublet, | — | Cauchois, | — |
| Lecomte, | — | Lelandais, | — |
| Luce, | — | Grisel, | — |
| Legagneux, | — | Ménard, | — |
| Chapelle, | — | Daniel, | — |
| Moutot, | — | Henri, | — |
| Petit, | — | Straub, | — |

## Cinquième Compagnie.

(Fournie par la direction de Nantes.)

| MM. | | MM. | |
|---|---|---|---|
| André Masse, ✳, | capitaine. | D'Hiard, | caporal. |
| Oblin, | lieutenant. | Sécail, | — |
| Brunet, | — | Castang, | clairon. |
| Renaud, | sergent-major. | Ribey, | — |
| Alary, | sergent-fourrier. | Delpeix, | guide. |
| Gardes, | sergent. | Ridoret, | — |
| Valet, | — | Gresseau, | — |
| Coirier, ✿, | — | Bouillard, | — |
| Caillau, | — | Jouaneton, | — |
| Lefresne, | caporal. | Cavalin, | — |
| Roy, | caporal. | Lebiguais, | — |
| Guillemin, | — | Dedieu, | — |
| Benaudet, | — | Durel, | guide. |
| Balansac, | — | Parayre, | — |
| Caillau, | — | Thiré, | — |
| Serré, | — | Gil, | — |
| Mahé, | — | Lemarchand, | — |
| Brisson, | — | Autin, | — |

| MM. | | MM. | |
|---|---|---|---|
| Buscail, | guide. | Marin, | guide. |
| Biscaye, | — | Clérigo, | — |
| Blay, | — | Naudo, | — |
| Leprévot, | — | Dupœy, | — |
| Tournemire, | — | Bousquet, | — |
| Dreano, | — | Junca, | — |
| Camy, | — | Corrieu, | — |
| Leblévénec, | — | Argentin, | — |
| Driano, | — | Moulin, | — |
| Rivasseau, | — | Legal, | — |
| Gerbaud, | — | Barbotin (Charles), | — |
| Legoffe, | — | Caillaud, | — |
| Marty, | — | Barbotin (Auguste), | — |
| Pontoiseau, | — | Catrevaux, | — |
| Romeu, | — | Jeannot, | — |
| Lucas, | — | Cochard, | — |
| Pichon, | — | Hurtaud, | — |
| Piro, | — | Raballand, | — |
| Fave, | — | Ledivellec, | — |
| Jauze, | — | Ledigabel, | — |
| Pierre, | — | Arnoult, | — |
| Bouniol, | — | Giron, | — |
| Guillamon, | — | Lecourtois, | — |
| Bilot, | — | Loizeau, ✚, | — |
| Météreau, | — | Bily, | — |
| Brousset, | — | Caillaud, | — |
| Boussaton, | — | Maurice, | — |
| Haritchelhar, | — | Descazeau, | — |
| Renaudeau, | — | Grinsard, | — |
| Bécède, | — | Aujard, | — |
| Decap, | — | Bégo, | — |
| Péron, | — | | |

*Sixième Compagnie.*

(Fournie par plusieurs directions.)

| MM. | | MM. | |
|---|---|---|---|
| Carricart, capitaine. | | Robert, | sergent-major. |
| Taillade, | lieutenant. | Colombié, | sergent. |
| Bourdille, | — | Darricarrère, | — |

| MM. | | MM. | |
| --- | --- | --- | --- |
| Duny, | sergent. | Gombault, | guide. |
| Lacourt, | — | Guichon, | — |
| Leixclard, sergent-fourrier. | | Hainzuberrd, | — |
| Bedout, | caporal. | Harcaut | — |
| Desclaux, | — | Ithurralde (François), | — |
| Etchegoyen, | — | Ithurralde (Michel), | — |
| Gamou, | — | Jouenne, | — |
| Guillamou, | — | Ladadie, | — |
| Marmier, | — | Labarthe, | — |
| Sentein, | — | Lafitte, | — |
| Tricot, | — | Lafont, | — |
| Belescabiet, | tambour. | Lafourcade, | — |
| Appeceix, | guide. | Landaburn, | — |
| Arrambide, | — | Laparade, | — |
| Badet, | — | Laplace, | — |
| Becquet, | — | Larbonne, | — |
| Bertrand (Henri), | — | Larrieu, | — |
| Bertrand (Joseph), | — | Laurent, | — |
| Brune, | — | Leixelard, | — |
| Cantin, | — | Lesbatz, | — |
| Caracolche, | — | Licou, | — |
| Cassassus, | — | Lottin, | — |
| Cazenave, | — | Mauger, | — |
| Cezat, | — | Mendioude (Dominiq.), | — |
| Chibrac, | — | Mendioude (Jean), | — |
| Clingt, | — | Mougin, | — |
| Courtade, | — | Olive, | — |
| Dassié, | — | Onagoïty, | — |
| Delarue, | — | Périchart (Achille), | — |
| Deschaux, | — | Périchart (Gustave), | — |
| Detchemeudy, | — | Périgua, | — |
| Deur, | — | Piloy, | — |
| Ducoussol, | — | Piquerel, | — |
| Duquesne, | — | Recart, | — |
| Faurié, | — | Reynoard, | — |
| Fogas, | — | Ribes, | — |
| Fourcade, | — | Ruffier, | — |
| Fourcroy, | — | Tajan, | — |
| Gamé, | — | Trico, | — |
| Gérard, | — | Saint-Jours, | — |

| MM. | | MM. | |
| --- | --- | --- | --- |
| Sahuc, | guide. | Subelet, | guide. |
| Saliès, | — | Uhalt, | — |
| Sorin, | — | Vigourt, | — |
| Soulé, | — | Vincenty, | — |
| Soulier, | — | | |

Le troisième bataillon a presque constamment, pendant la durée du siége, protégé les boulevards extérieurs, en montant la garde dans les différents secteurs, placé sous les ordres des amiraux et sous l'action vigilante du commandant M. de Cuers, qui a été décoré. La première compagnie était campée hors de Paris, en arrière du fort de Romainville, montant la garde en sentinelle perdue pour jeter l'alarme dans le cas d'une surprise de la part de l'ennemi. Son capitaine, M. Vouselaud, a été décoré pour son attitude ferme. — La deuxième compagnie gardait les bastions 49 et 50, poste-caserne n° 6. Le capitaine, M. Grandidier, a été décoré; les sergents Heisler, Saliou, Leclerc et Croirier, ainsi que les caporal Lehéricé, ont obtenu la médaille militaire pour des services rendus par eux.

La troisième compagnie a contribué à la garde des bastions 33 et 24, au poste-caserne n° 4. Le brave capitaine Helleu a été décoré à la fin du siége, après en avoir supporté bravement les dangers avec toute sa compagnie.

Les quatrième, cinquième et sixième compagnies ont pris part à la garde des remparts de la rive gauche de Paris; la première au poste-caserne n° 9; la deuxième au poste-caserne n° 8, et l'autre au poste-caserne n° 7. — Les bastions au service desquels elles ont été affectées, ont été le plus éprouvés pendant le bombardement. Les capitaines de Méric et André Masse ont été décorés, ainsi que le sous-lieutenant Prévost. Déjà, précédemment, M. de Méric avait été cité à l'ordre du jour pour avoir dominé une panique qui s'était produite parmi les militaires. — Le lieutenant M. Oblin a été blessé à l'incendie du château de La Muette, en se dévouant à tâcher d'en circonscrire fe feu. — Le guide Loiseau, de la cinquième compagnie, a reçu la médaille militaire.

## Quatrième bataillon.

Commandant : M. TRESCAZE, ✳.

*Première compagnie.*

(Fournie par la direction de Montpellier.)

MM.
Martel, capitaine.
Gauthier, lieutenant.
Damoiseau, —
Pol, sergent-major.
Hugues, sergent.
Fort, sergent-fourrier.
Tramini, sergent.
Mazoua, —
Pascal, —
Castet, caporal.
Santini, —
Pantoustier, —
Giraud, —
Fabre, —
Don, ☖, —
Cazon, —
Lanfranchi, —
Desplan, tambour.
Amat, guide.
Aymard —
Bedoc, —
Bonnel, —
Bonnet, —
Berot, —
Boudou, —
Brenet, —
Broquère, —
Casanova, —
Castet, —
Crouzet, —
Déidé, —
Dupré, —
Escavy, —

MM.
Esmenjaud, guides.
Estève, —
Féraud, —
Ferrat, —
Ferricelli —
Foatelli, —
Fouga, —
Fouque (Angelin), —
Fouque (Ernest), —
Fouque (Joseph), —
Gabay, —
Gassend, —
Gautier, —
Gay (Benjamin), —
Gay (Louis), —
Gazagnes, —
Gilles, —
Gimbert, —
Giorgi, —
Gonfard, —
Grisoni, —
Grossan, —
Guerrini, —
Jacques, —
Lafrasse, —
Lebre, —
Lions, —
Maire, —
Mercier, —
Mézard, —
Mondet, —
Omizos, —
Ottaviani —

MM.                          MM.

| | | | |
|---|---|---|---|
| Paoli, | guides. | Pujol, | guide. |
| Pascal (David), | — | Rebuffel, | — |
| Pascal (Michel), | — | Roubaud, | — |
| Passalaqua, | — | Roussel, | — |
| Pattoni, | — | Sajous, | — |
| Pélissier, | — | Santini, | — |
| Pennet, | — | Senaud, | — |
| Peydessus, | — | Ventre, | — |
| Pinet, | — | Fournier, | — |
| Poggi, | — | Lagaillarde, | — |
| Pons, | — | Ricard, | — |

*Deuxième compagnie.*

(Fournie en partie par la direction de Nantes.)

MM.                          MM.

| | | | |
|---|---|---|---|
| Ballot, capitaine. | | Boullery, | guide. |
| Saillard, lieutenant. | | Bouvier, | — |
| Maréchal, | — | Bret, | — |
| Racineux, sergent-major. | | Brisot, | — |
| Jouault, sergent. | | Bunout, | — |
| Leroux, | — | Cazadamont, | — |
| Manguy, | — | Chailleux, | — |
| Yvon, | — | Cocard, | — |
| Lesueur, sergent-fourrier. | | Cormerais, | — |
| Blanc, caporal. | | Coumenge, | — |
| Bossis, caporal-tambour. | | David, | — |
| Jean, | caporal. | Delort, | — |
| Lamy, | — | Domalin, | — |
| Robart, | — | Dupond, | — |
| Soubieille, | — | Duval, | — |
| Dauce, | — | Evain (Honoré), | — |
| Allo, | guide. | Evain (Jean), | — |
| Barbereau, | — | Evin, | — |
| Belliot, | — | Ferré, | — |
| Bernard, | — | Gerval, | — |
| Bertret, | — | Glaud, | — |
| Bodard, | — | Guého, | — |
| Boterf, | — | Guiheneuf, | — |
| Bouillard, | — | Guillet, | — |

| MM. | |
|---|---|
| Guilloux, | guide. |
| Ingouf, | — |
| Joulain, | — |
| Labour, | — |
| Eon. | — |
| Landais, | — |
| Leray, | — |
| Lethiec, | — |
| Lolicart, | — |
| Lormeau, | — |
| Mahé, | — |
| Mombec, | — |
| Morin, | — |
| Muterse, | — |
| Olliveau, | — |
| Ollivier (François), | — |
| Ollivier (Victor), | — |
| Pellerin, | — |
| Penaud, | — |
| Poiraudeau, | — |
| Prévert, | — |

| MM. | |
|---|---|
| Racineux, | guide. |
| Robin, | — |
| Rocher, | — |
| Roffignac, | — |
| Roguet, | — |
| Rouxel, | — |
| Rubé, | — |
| Saffret, | — |
| Sauvaget, | — |
| Sauzel, | — |
| Savenay, | — |
| Simon, | — |
| Thomas, | — |
| Verreau, | — |
| Villedieu, | — |
| Yvon, | — |
| Argentais, | — |
| Baudry, | — |
| Bouteau, | — |
| Dréan, | — |

*Troisième compagnie.*

(Fournie par la direction de Nice.)

| MM. | |
|---|---|
| Bonet, capitaine. | |
| Daidé, lieutenant. | |
| Richard, — | |
| Allemand, sergent-major, | |
| Mary, sergent-fourrier, | |
| Broc, | sergent. |
| Février, ✠, | — |
| Michelis, | — |
| Ricard, | — |
| Blanc, | caporal. |
| Calvy, | — |
| Carles, | — |
| Dol, | — |
| Granier, | — |

| MM. | |
|---|---|
| Leca, | caporal. |
| Nogué, | — |
| Pantoustier, | — |
| Rey, | — |
| Servat, | — |
| Valery, | — |
| Aguettaz, | — |
| Cauvin, | — |
| Graglia, | — |
| Rossi, | — |
| Blanc, | tambour. |
| Antomari, | guide. |
| Aragon, | — |
| Arnaud (Louis), | — |

| MM. | | MM. | |
| --- | --- | --- | --- |
| Arnaud (Victor), | guide. | Girend, | guide. |
| Aubier, | — | Honorat, | — |
| Augier (Jean), | — | Josseran, | — |
| Amandru, | — | Lamberti, | — |
| Augier (Jacques), | — | Léa, | — |
| Authier, | — | Lombard, | — |
| Bailet, | — | Marcantoni, | — |
| Barrau, | — | Martin, | — |
| Barret (Charles), | — | Mengarduque, | — |
| Barret (Joseph), | — | Michelis, | — |
| Bel, | — | Mourlan, | — |
| Bernardi, | — | Moutet, | — |
| Bougearel, | — | Mognac, | — |
| Bouillon, | — | Nicolas, | — |
| Castex, | — | Otto-Brondé, | — |
| Cervoni, | — | Payan, | — |
| Chier, | — | Ponsi, | — |
| Chiappini, | — | Reynaud (Antoine), | — |
| Ciais, | — | Reynaud (Bruno), | — |
| Courchet, | — | Reynaud (Joseph), | — |
| Daumasson, | — | Ricordi, | — |
| Decormis, | — | Robini, | — |
| Demongeot, | — | Roubaud, | — |
| Fabret, | — | Santelli, | — |
| Farlandou, | — | Siacci, | — |
| Féraud, | — | Teisseire, | — |
| Fille, | — | Vellutini, | — |
| Forestier, | — | Vergès, | — |
| Gauthier, | — | Vernier, | — |
| Giraud (Achille), | — | Vial, | — |
| Giraud (Silvain), | — | Vidal, | — |
| Giraud (Tropez), | — | Vivard, | — |

### Quatrième compagnie.

(Fournie en partie par la direction de Marseille.)

| MM. | MM. | |
| --- | --- | --- |
| Domange, capitaine. | Matalini, sergent-fourrier. | |
| Dumail, lieutenant. | Baille, | sergent. |
| Lagaillarde, — | Caparelli, | — |
| Benoît, sergent-major. | Badie, | — |

| MM. | | MM. | |
| --- | --- | --- | --- |
| Vergé, ✻, | sergent. | Jean, | guide. |
| Arrieu, | caporal. | Landès, | — |
| Badoix, | — | Lasperche, | — |
| Brian, | — | Loudette, | — |
| Calvel, | — | Martin, | — |
| Conté, | — | Malot, | — |
| Dejean, | — | Maurice, | — |
| Murraté, | — | Millet, | — |
| Siguier, | — | Mir, | — |
| Alberni, | guide. | Moracchini (Chris^me), | — |
| Alibert, | — | Moracchini (Paul), | — |
| Alphonse, | — | Nouguès, | — |
| Altiéri, | — | Ousset, | — |
| Antona, | — | Pacoul, | — |
| Barat, | — | Passaret, | — |
| Bataille, | — | Pellat, | — |
| Blanc, | — | Périssé, | — |
| Bert, | — | Pipérion, | — |
| Berot, | — | Pideil, | — |
| Bertoni, | — | Pourcel, | — |
| Bonnet, | — | Pont, | — |
| Canavy (Jean), | — | Ponsole, | — |
| Canavy, | — | Pousse, | — |
| Clamens, | — | Pradère, | — |
| Caillau, | — | Prats, | — |
| Curie, | — | Pujol, | — |
| Dandine, | — | Raffart, | — |
| Dupuy (Pierre), | — | Raymond, | — |
| Dupuy (André), | — | Rius, | — |
| Deit, | — | Rocaries, | — |
| Etchegaray, | — | Rouzaud, | — |
| Escourrou, | — | Reybier, | — |
| Fabre, | — | Samson, | — |
| Foulquier, | — | Sentenac, | — |
| Fournier, | — | Pidobre, | — |
| Garrigue, | — | Soulé, | — |
| Gauget, | — | Soulier, | — |
| Gramont, | — | Terrade, | — |
| Guyon, | — | Tiné, | — |
| Jacquet, | — | Torreilles, | |

| MM. | | MM. | |
|---|---|---|---|
| Turq, | guide. | Vergès (François), guide. | |
| Vacquier, | — | Vergès (Pierre). | — |

### Cinquième compagnie.

(Fournie en partie par la Direction de Marseille.)

| MM. | | MM. | |
|---|---|---|---|
| Ode, capitaine, | | Ciamaca, | guide. |
| Cathenod, lieutenant. | | Contri, | — |
| Fouacier, | — | Costa, | — |
| Carbonneau, serg.-major. | | Constant, | — |
| Fanton, | sergent. | Coulaud, | — |
| Gasparini, | — | Cristini, | — |
| Pyanet, | — | Damiani, | — |
| Sentein, | — | Davéjean, | — |
| Alibert, sergent-fourrier. | | Denat, | — |
| André, | caporal. | Devars, | — |
| Audiffret (Louis), | — | Faure-Brac, | — |
| Berlioz, | — | Filippi, | — |
| Casanova, | — | Franchi, | — |
| Goisset, | — | Froment, | — |
| Luillet, | — | Galy, | — |
| Mazzoni, | — | Gibert, | — |
| Ollagnier, | — | Giraud, | — |
| Bertrand, | clairon. | Giuly, | — |
| Francesconi, | — | Grauby, | — |
| Antomari, | guide. | Guérin, | — |
| Arnaud, | — | Hugues, | — |
| Audiffret (Joseph), | — | Ille, | — |
| Augot, | — | Jasse, | — |
| Aybram, | — | Lagaillarde, | — |
| Baron, | — | Laithier, | — |
| Battistini, | — | Lantelme, | — |
| Berlioz, | — | Laurent, | — |
| Bourges, | — | Leschi, | — |
| Briole, | — | Luyat, | — |
| Candau, | — | Martin, | — |
| Carli, | — | Michel, | — |
| Chatain, | — | Montiggiani, | — |
| Chauvet, | — | Morocchini, | — |

| MM | | MM. | |
|---|---|---|---|
| Moulis, | guide. | Poli, | guide. |
| Naudo, | — | Puntis, | — |
| Negri, | — | Prat, | — |
| Neyroud, | — | Rancoule, | — |
| Orcel, | — | Reynoud, | — |
| Palazot, | — | Rochesani, | — |
| Palmerini, | — | Rong.coni, | — |
| Parigi, | — | Roussel. | — |
| Pellegrin (Augustin), | — | Serraboquet, | — |
| Pellegrin (Joseph), | — | Valle, | — |
| Pène, | — | Verguet, | — |
| Perrache, | — | | |

### Sixième Compagnie.

(Fournie par plusieurs directions.)

| MM. | | MM. | |
|---|---|---|---|
| Wallois, capitaine. | | Bensit, | guide. |
| Voisart, lieutenant. | | Beun, | — |
| Rey, | — | Boddaert, | — |
| Mathiot, sergent-major. | | Bouloigne, | — |
| Moineau, | sergent. | Bouster, | — |
| Dol, | — | Bouvelet, | — |
| Jacquel, | — | Caïs, | — |
| Moulin, | — | Caruel, | — |
| Fabre, | fourrier. | Cassinelli, | — |
| Brutus, | caporal. | Caubet, | — |
| Camilli, | — | Cazilhac, | — |
| Gasch, | — | Charlet, | — |
| Godet, | — | Cœugnet, | — |
| Larroque, | — | Coffournic, | — |
| Mariotti, | — | Comyn, | — |
| Pourcheret, | — | Conan, | — |
| Sévérin, | — | Cousin, | — |
| Auriach, | clairon. | Crestey, | — |
| Astien, | guide. | Domenge, | — |
| Assimanslérie, | — | Fiey, | — |
| Bardel, | — | Flecq, | — |
| Baron, | — | Franceschi, | — |
| Begaries, | — | Frigout, | — |

| MM. | | MM. | |
| --- | --- | --- | --- |
| Gachie, | guide. | Moreau, | guide, |
| Garnier, | — | Moriceaud, | — |
| Gauthier, | — | Moretti, | — |
| Gay, | — | Munier, | — |
| Germain, | — | Noé, | |
| Gibelin, | — | Philippe, | — |
| Guillard, | — | Pontier, | — |
| Guillemet, | — | Pudebat, | — |
| Guilloux, | — | Rapuc, | — |
| Gouarné, | — | Renou, | — |
| Hermant, | — | Ribatet, | — |
| Houël, | — | Roffin, | — |
| Jossol, | — | Rousseau, | — |
| Larangé, | — | Sallenave, | — |
| Laurent, | — | Siess, | — |
| Leblanc, | — | Spagnuol, | — |
| Lechartier, | — | Sprit, | — |
| Lemoing, | — | Tesmoingt, | — |
| Louchard, | — | Thémèze, | — |
| Magnique, | — | Tréveille, | — |
| Marsanet, | — | Tripart, | — |
| Massiéra, | — | Valery, | — |
| Michel, | — | Veillon, | — |
| Moranton, | — | Wadoux. | — |

Les compagnies du 4ᵉ bataillon ont été réparties dans le 2ᵉ secteur, compris dans les remparts extérieurs de la Villette et Belleville. — Leur tâche dans ces faubourgs où l'insurrection était sans cesse menaçante, a été laborieuse. On nous a communiqué les renseignements suivants :

« M. Trescaze, commandant du 4ᵉ bataillon, campé dans les remparts de Belleville, reçut l'ordre de s'emparer de la mairie de ce quartier pour empêcher les clubs d'y installer Flourens qui venait d'être chassé de l'Hôtel-de-Ville. Avec deux cents douaniers, dont les capitaines Wallois, Martel et Ode et leurs lieutenants, cet officier supérieur accomplit cette périlleuse mission, et par son attitude ferme, il réussit, en parlementant avec les principaux révoltés, à conjurer une insurrection près d'éclater sur ce point. Plus tard, ce brave commandant fut condamné à mort par la Commune qui ne put le saisir. M. Trescaze a été fait chevalier de la Légion d'honneur. — Les sergents Février de la 3ᵉ compagnie; Vergé, de la 4ᵉ, et le caporal Don, de la 1ʳᵉ, ont obtenu la médaille militaire.

---

## Cinquiéme Bataillon.

### Commandant : M. Magué ❊.

*Première Compagnie.*

(Fournie en partie par la direction de Saint-Brieux.)

| MM. | | MM. | |
|---|---|---|---|
| Martin, capitaine. | | Bessard, | guide. |
| Favry, lieutenant. | | Boré, | — |
| Soumastre, lieutenant. | | Boulevet, | — |
| Olivier, sergent-major. | | Bourreau, | — |
| Creuveilher, | sergent. | Buchout, | — |
| Collet, | — | Bugeon, | — |
| Mounet, | — | Chauvaux, | — |
| Romengas, | — | Chevalier, | — |
| Colin, sergent-fourrier, | | Chiquet, | — |
| Bretagne, | caporal. | David, | — |
| Calvel, | — | Debraq, | — |
| Calvet, | — | Duval, | — |
| Cario, | — | Fillereau, | — |
| Gadebur, | — | Frigot, | — |
| Lanièce, | — | Galais, | — |
| Maro, | — | Gadet, | — |
| Olivier (François), | — | Gautier (Etienne), | — |
| Ollivier (Jean). | — | Gautier (Julien), | — |
| Pineau, ❦, | — | Genevois, | — |
| Raimbaud, | — | Gilet, | — |
| Reffuveille, | — | Gouraud, | — |
| Torte. | — | Grenapin, | — |
| Vaillant, guide. | | Guiheux, | — |
| Sablé, tambour. | | Guilloux, | — |
| Baconnais, | guide. | Guimeux, | — |
| Ballois, | — | Haumon, | — |
| Bernard, | — | Hervy, | — |

**MM.**

| | |
|---|---|
| Hery, | guide. |
| Labour, | — |
| Lacoste, | ... |
| Leborgne, | — |
| Leclève, | — |
| Legentil, | — |
| Legland, | — |
| Lépine, | — |
| Lequerré, | — |
| Leroux (Eugène), | — |
| Leroux (Jean), | — |
| Questerbert, | — |
| Leroux (Louis), | — |
| Longépée, | — |
| Luco, | — |
| Mahé, | — |
| Mahon, | — |
| Maisonneuve, | — |

**MM.**

| | |
|---|---|
| Maurice, | guide. |
| Morin, | — |
| Mouilleau, | — |
| Oiseau, | — |
| Ollivier, | — |
| Pageot, | — |
| Papin, | — |
| Péguillem, | — |
| Pentecote, | — |
| Pezeron, | — |
| Poirier, | — |
| Rabillé, | — |
| Robin, | — |
| Rouillard, | — |
| Roussel, | — |
| Tiret, | — |
| Trigodet, | — |

## *Deuxième Compagnie.*

(Fournie par la direction de Lille.)

**MM.**

| | |
|---|---|
| Degency, | capitaine. |
| Artique, | lieutenant. |
| Choffat, | — |
| Pinchon, | sergent-major. |
| Caillot, ☸, | sergent-fourrier. |
| Sère, | sergent. |
| Brayelle, | — |
| Hue, | — |
| Postel, | — |
| Bejannin, | caporal. |
| Coupet, | — |
| Desirée, | — |
| Duquesne, | — |
| Lécrivain, | — |
| Saumont, | — |
| Thorez, | — |
| Desicy, | — |

**MM.**

| | |
|---|---|
| Butel, | caporal. |
| Deroide, | tambour. |
| Renaud, | clairon. |
| Berdellou, | guide. |
| Bernard (François), | — |
| Bernard (Antoine), | — |
| Bernard (Pierre), | — |
| Bonnissent, | — |
| Bouchez, | — |
| Boudart, | — |
| Boulet, | — |
| Brayelle, | — |
| Chatelain, | — |
| Chognard, | — |
| Courbe-Michollet, | — |
| Dancel, | — |
| Darras (Alphonse), | — |

| MM. | | MM. | |
|---|---|---|---|
| Darras (Joseph), | guide. | Merlier, | guide. |
| Delbecque, | — | Midey, | — |
| Deschamps, | — | Mignot, | — |
| Devambrechies, | — | Nicolle, | — |
| Dubocquet, | — | Paillouse, | — |
| Dubois, | — | Pannier, | — |
| Dutertre, | — | Pantin, | — |
| Frisch, | — | Périat, | — |
| Froissart, | — | Petit, | — |
| Girardot, | — | Piéters, | — |
| Haccart, | — | Piot, | — |
| Hallais, | — | Pordevin, | — |
| Hamel, | — | Pouilly, | — |
| Hubert, | — | Renaud, | — |
| Lainey, | — | Renier, | — |
| Lambert, | — | Rolland, | — |
| Lebaron, | — | Rollin, ☤, | — |
| Lebeau, | — | Stien, | — |
| Lebreton, | — | Veuillequez, | — |
| Leclercq, | — | Vollet, | — |
| Lecoester, | — | Vrolant, | — |
| Leconte, | — | Wacquet, | — |
| Lecordier, | — | Blicq, | — |
| Lefevre, | — | Brienne, | — |
| Lemahieu, | — | Dechy, | — |
| Lemarchand, | — | Delbergue, | — |
| Lemoine, | — | Druart, | — |
| Lemonnyer, | — | Duval, | — |
| Lemounier, | — | Lecutier, | — |
| Lenoir, | — | Manquest, | — |
| Lespagnol, | — | Petit, | — |
| Leterrier, | — | Predhomme, | — |
| Luce, | — | Roffin, | — |
| Maire, | — | Roux, | — |
| Marceaux, | — | Terrier, | — |
| Mazure, | — | Versquel, | — |
| Ménard, | — | | |

*Troisième Compagnie.*

(Fournie par la direction de Dunkerque.)

| MM. | | MM. | |
|---|---|---|---|
| Morin, | capitaine. | Darras, | guide. |
| Duval, | lieutenant. | Debeire-Waast, | — |
| Guéricy, | — | Decaelf, | — |
| Lenoir, | sergent-major. | Deconinck, | — |
| Cattet, | sergent. | Deheeger, | — |
| Couture, | — | Delépine, | — |
| Dendecker, | — | Deroussen, | — |
| Wadoux, | — | Desitter, | — |
| Legrand, | sergent-fourrier. | Desnaerte, | — |
| Bazimou, | caporal. | Devisme, | — |
| Bulteel, | — | Dufentrel, | — |
| Delaval, | — | Dutertre, | — |
| Lenglois, | — | Facon, | — |
| Mazier, | — | Faure-Geors, | — |
| Monard, | — | Fioen, | — |
| Rouseel, | — | Gautier, | — |
| Salomé, | — | Godfrin, | — |
| Mercier, | tambour. | Gomel, | — |
| Alix, | Guide. | Gossin, | — |
| Aubert, | — | Hochet, | — |
| Baes | — | Isvelin, | — |
| Bailly, | — | Jullienne, | — |
| Beaumont, | — | Kopff, | — |
| Bernard, | — | Lablotier, | — |
| Bertrand, | — | Lacroix, | — |
| Bolluyt, | — | Laloy, | — |
| Buhot, | — | Lebresne, | — |
| Caloo, | — | Lebrun, | — |
| Camerlinck, | — | Lecerclé, | — |
| Charles (Aimé), | — | Legrand, | — |
| Charles Demascène, | — | Lemattre, | — |
| Coolen, | — | Lemoine, | — |
| Corbet, | — | Liboz, | — |
| Courtois, | — | Liévin, | — |
| Cuinet, | — | Louvet, | — |
| Dachicourt, | — | Mabire, | — |
| Darcourt, | — | Mouroc, | — |

| MM. | | MM. | |
|---|---|---|---|
| Marcotte, | guide. | Suynghedann, | guide. |
| Morcaut, | — | Vandenbogarden, | — |
| Morcel, | — | Vangraeschepe, | — |
| Morhain (Charles), | — | Vannot, | — |
| Morhain (Emile), | — | Vernaerde, | — |
| Morin, | — | Broquet, | — |
| Morville, | — | Butroy, | — |
| Nagootte, | — | Coutty, | — |
| Noyon, | — | Debeire (Benjamin), | — |
| Penin, | — | Coutty, | — |
| Poindefert, | — | Debeire (Benjamin, | — |
| Poirior, | — | Friscourt, | — |
| Restout, | — | Hinet, | — |
| Roulland, | — | Ingouf, | — |
| Sanson, | — | Lecontre, | — |
| Sauvage, | — | Lemetayer, | — |
| Seillier, | — | Livoye, | — |
| Sinquintin, | — | Spinnenyn, | — |
| Surdive, | — | Stutz, | — |
| Swemberghe, | — | Vanhove, | — |

*Quatrième Compagnie.*

(Fournie en partie par la direction de Chambéry.)

| MM. | | MM. | |
|---|---|---|---|
| Comte, capitaine. | | Bouverot, | clairon. |
| Matringe, | lieutenant. | Froissard (Joseph), | — |
| Bordenet, | — | Jocie, | tambour. |
| Gillard, sergent-major. | | Allemand, | guide. |
| Chaloz, fourrier. | | Baverel, | — |
| Chopard, | sergent. | Belin, | — |
| uenin, | — | Berein, | — |
| Deiau, | — | Bez, | — |
| Parrod, | — | Boiteux, | — |
| Aymonier, | caporal. | Calier, | — |
| Bourdin, | — | Cassard, | — |
| Courroisier, | — | Chatelain, | — |
| Mandrillon, | — | Chaton, | — |
| Rouzet, | — | Coulot, | — |
| Tournou, | — | Cousin, | — |

| MM. | | MM. | |
|---|---|---|---|
| Cressier, | guide. | Lanquetin, | guide. |
| Cretenet, | — | Mair, | — |
| Crinquand, | — | Maitre, | — |
| Cupillard, | — | Mathiot, | — |
| David, | — | Munnier, | — |
| Deleul, | — | Pandel, | — |
| Drezet, | — | Perrin, | — |
| Drozbartolet, | — | Perrot, | — |
| Farey, | — | Poncot (Charles), | — |
| Faulon, | — | Poncot (Léon), | — |
| Félu, | — | Poncot (Lucien), | — |
| Fleury, | — | Renaud (Albert), | — |
| Froissard (Charles), | — | Renaud (Alphonse), | — |
| Frémiot, | — | Rousselot, | — |
| Gafray, | — | Rousset, | — |
| Girard (Ernest), | — | Rouzet, | — |
| Girard (Joseph), | — | Roux, | — |
| Girardot (Edouard), | — | Salomon, | — |
| Girardot (Elisé), | guide. | Saumande, | — |
| Guinchard, | — | Simon (Alphonse), | — |
| Guyeehez, | — | Simon (Delphin), | — |
| Henriot, | — | Tournon, | — |
| Humbert, | — | Trimaille, | — |
| Huot, | — | Tyrode, | — |
| Jacquet-Pierroulet, | — | Varéchard, | — |
| Jacquet-Pierroulet (Léopold), | — | Varin, | — |
| | | Verchot, | — |
| Jacquet-Richardet, | — | Voinet, | — |
| Geanbrun, | — | Vooin, | — |
| Labit, | — | Vuillet, | — |
| Laferriex, | — | Raverel, | — |
| Lamy, | — | Donjon, | — |

## Cinquième Compagnie.

(Fournie par la direction de Valenciennes.)

| MM. | MM. |
|---|---|
| Courtois, capitaine. | Despouy, ✠, sergent-major. |
| Sant, lieutenant. | Hourdain, sergent. |
| Gréterin, sous-lieutenant. | Demessence, — |

| MM. | | MM. | |
|---|---|---|---|
| Couteau, | sergent. | Arnould, | guide. |
| Sautier, | — | Marche, | — |
| Cosseau, | sergent-fourrier. | Gilbert, | — |
| Trelcat, | caporal-fourrier. | Mattler, | — |
| Cladet, | caporal. | Babillon, | — |
| Leclerc, | — | Wagner, | — |
| Dupin, | — | Prévost, | — |
| Vinoy, | — | Garin, | — |
| Rigaut, | — | Beck, | — |
| Parmentier, | — | Loviton, | — |
| Patricot, | — | Jedar, | — |
| Montury, | — | Grimiaux, | — |
| Leclercq, | clairon. | Choteau, | — |
| Mathieu, | — | Derbonnez, | — |
| Aouswertz, | guide. | Farez, | — |
| Fleury, | — | Cornu, | — |
| Lambert, | — | Guinin, | — |
| Pétrement, | — | Meuret, | — |
| Saunier, | — | Pilvesse, | — |
| Flament, | — | Caffiaux, | — |
| Deltroy, | — | Dupont, | — |
| Mathelin, | — | Tronnez, | — |
| Leroy, | — | Plasse, | — |
| Petit, | — | Lecerf, | — |
| Barbier, | — | Hoffmann, | — |
| Moine, | — | Maréchal, | — |
| Montanglot, | — | Geffredo, | — |
| Camus, | — | Collignon, | — |
| Simonnin, | — | Démessence, | — |
| Bailleux, | — | Lenormand, | — |
| Becquet, | — | Bailleul, | — |
| Pimbert, | — | Barbière, | — |
| Camberling, | — | Rousseau, | — |
| Fischer, | — | Déghaye, | — |
| Hanoteau, | — | Bercez, | — |
| Liénard, | — | Lacquement, | — |
| Bourquin, | — | Fosset, | — |
| Morel, | — | Barbet, | — |
| Curtil, | — | Poulet, | — |
| Merlier, | — | Irhy, | — |

| MM. | | MM. | |
| --- | --- | --- | --- |
| Wallenne, | guide. | Barant, | guide. |
| Masquelier, | — | Durieux, | — |
| Fache, | — | Bastenaire, | — |
| Cardon, | — | | |

## *Sixième Compagnie.*

(Fournie par plusieurs directions.)

| MM. | | MM. | |
| --- | --- | --- | --- |
| Gat de Beilac, capitaine. | | Jacob, | guide. |
| Muchery, lieutenant. | | Denghein, | — |
| Lacroix, sous-lieutenant. | | Rouget, | — |
| Leduc, sergent-major. | | Roussel, | — |
| Drian, sergent-fourrier. | | Gilbert, | — |
| Lefebvre, | sergent. | Colet, | — |
| Vagogne, | — | Applincourt, | — |
| Bourdiec, | — | Balteinger, | — |
| Raut, ✠, | — | Aubert, | — |
| Ancelot, | caporal. | Michel, | — |
| Schrœder, | — | Fillemotte, | — |
| Marchand, | — | Leconte, | — |
| Leduc, | — | Delannoy, | — |
| Lephay, | — | Bernard, | — |
| Bourdiec, | — | Brouwez, | — |
| Waquet, | — | Debouzy, | — |
| Verain, | — | Oblet, lieutenant. | |
| Lallemand, | guide. | Demurier, | — |
| Morel, | — | Warot, | — |
| Jacquel, | — | Bachot, | — |
| Vernier, | — | Bouvenot, | — |
| Huot-Sordot, | — | Frisson, | — |
| Wuitteney, | — | Lanquette, | — |
| Quétin, | — | Bosch, | — |
| Marécaud, | — | Laviton, | — |
| Loichot, | — | Brillet, | — |
| Bellegueule, | — | Gaudiche, | — |
| Simplot, | — | Pille, | — |
| Venet, | — | Poitevin, | — |
| Delcourt, | — | Lolicart, | — |
| Morigny, | — | Benoit, | — |

| MM. | | MM. | |
| --- | --- | --- | --- |
| Bernard (Nicolas), | guide. | Gay, | guide. |
| Tirard, | — | Percey, | — |
| Lesigné, | — | Morin, | — |
| Dufresné, | — | Jean, | — |
| Desbiendras, | — | Richard, | — |
| Legouas, | — | Lelong, | — |
| Trudin, | — | Bouché, | — |
| Leroy, | — | Lefebvre (Frédéric), | — |
| Durand, | — | Lepetit, | — |
| Prévot, adjudant. | | Pinson, | — |
| Burban, | — | Vaussier, | — |
| Tulleau, | — | Caumont, | — |
| Couthouis, | — | Lefebvre (Léon), | — |
| Prezot, | — | Crestey, | — |
| Chetodal, | — | Levenat, | — |
| Bonneau, | — | Vaille, | — |
| Ollivier, | — | Dubois, sergent. | |

Le cinquième bataillon a été chargé de participer à la garde des bastions et des portes des remparts; pour la première compagnie au poste-caserne n° 1; la deuxième au poste-caserne n° 12; la troisième au poste-caserne n° 15; les autres compagnies ont aussi été campées dans les remparts, excepté la sixième, qui est toujours restée attachée au premier bataillon et qui en a partagé les fatigues.

Le commandant, M. Magué, a été fait chevalier de la Légion-d'Honneur, le sergent fourrier Caillot, de la deuxième compagnie; le sergent Raut, de la sixième; le caporal Pineau, de la première, et le guide Rollin de la deuxième ont obtenu la médaille militaire, ainsi que le fourrier Caillot de la deuxième, et le sergent-major Despouy de la cinquième.

---

Nous n'avons pu, à notre grand regret, obtenir de connaître les noms de tous les douaniers qui ont pris part à la défense des places de Strasbourg, Metz, Thionville, Montmédy, Longwy et Bitche.

---

## Direction de Metz.

Sur 1,006 hommes composant le personnel des brigades de l'ancienne direction de Metz, les trois-quarts, environ, ont été répartis dans les forteresses de Montmédy, Longwy, Thionville, Metz et Bitche.

Tués devant l'ennemi : 5 hommes. — Décédés pendant le siége : 21 hommes.

### BLESSÉS :

| MM. | | MM. | |
|---|---|---|---|
| Vatté (1), | sous-brigadier. | Petit (5), | guide. |
| Luzoir (2), | — | Franck (6), | — |
| Lejust (3), | — | Grandemanche (7), | — |
| Tabouret (4), | guide. | | |

### DÉCORÉS

*1° De l'ordre de la Légion-d'Honneur :*

| MM. | | MM. | |
|---|---|---|---|
| Narrat, ✳, | commandant. | Zwiefel, ✳, | lieutenant. |
| Depreux, ✳, | — | Génin, ✳, | capitaine. |
| Lostie de K/hor, ✳, — | | Laurent, ✳, | lieutenant. |

*2° De la Médaille militaire :*

| MM. | | MM. | |
|---|---|---|---|
| Ménétrier, ✿, | sergent. | Franck, ✿, | guide. |
| Pezet, ✿, | — | Rinck, ✿, | — |
| Philippe, ✿, | — | Michel, ✿, | — |
| Wilhelm, ✿, | — | Grandemanche, ✿, | — |
| Drouot, ✿, | — | Porta, ✿, | — |
| Chartier, ✿, | — | Lafond, ✿, | — |
| Kuch, ✿, | caporal. | Mathias, ✿, | — |
| Bassompierre, ✿, | — | Watté, ✿, | — |
| Lejust, ✿, | guide. | Tabouret, ✿, | — |

---

(1) A été grièvement blessé de deux coups de feu à la sortie du 30 août 1870. — (2) A été également blessé dans la même affaire. — (3) A reçu un coup de feu et quatre coups de baïonnette. — (4) Blessé dans la sortie du 30 août 1870. —

## Direction de Strasbourg.

Sur 560 hommes, dont se composait le personnel de l'ancienne direction de Strasbourg, 400 environ ont été mobilisés et ont *pris part* à la défense de cette place.

Tués devant l'ennemi : 8. Décédés pendant le siége : 4.

(5) Blessé dans la même action. — (6) Blessé d'un éclat d'obus dans le bombardement de Bitche, ainsi que Grandemanche.— M. Narrat a été décoré pour sa belle conduite au bombardement de Bitche ; M. Depreux a reçu la même distinction pour sa fermeté pendant la défense de Longwy ; MM. Génin, capitaine, et Laurent, lieutenant, ont aussi été faits chevaliers de la Légion-d'Honneur pour leur bravoure. — Nous lisons dans l'*Annuaire* de 1872 : Sous le commandement de M. Depreux, deux compagnies de douaniers ont pris une part honorable à la défense de Longwy et aux combats en avant de la place. Voici un ordre du jour qui leur fut décerné : « Le 29 août 1870, le lieutenant-colonel, commandant supérieur de Longwy, était informé qu'un escadron de hussards de la garde royale de Prusse, de 140 chevaux, s'était établi à Audun-le-Tiche, en face d'Esch, frontière du Luxembourg. Cette cavalerie faisait de nombreuses réquisitions, et son commandant avait fait garotter et menacer de fusiller le maire de Redange, qui avait montré de l'énergie pour notre cause. Il résolut de punir l'ennemi et de le surprendre par une marche de nuit. Par son ordre, un détachement de 150 hommes, dont 111 douaniers, commandé par le capitaine Lostie de K/hor, sortit secrètement de la place à onze heures du soir, le 29 août, et se porta, par une marche rapide et combinée, sur Audun-le-Tiche. Cette petite expédition, bien conduite, a eu un résultat complet. L'ennemi, surpris, a eu 45 à 50 hussards tués ou blessés ; parmi les tués, le capitaine et le lieutenant. Le reste a fui dans le Luxembourg. On lui a fait sept prisonniers, pris 32 chevaux, ainsi que des armes, voitures et munitions ; notre perte a été de deux douaniers tués et quatre blessés. En outre du capitaine Lostie de K/hor, qui a conduit cette expédition avec beaucoup de vigueur et d'intelligence, le commandant supérieur est heureux de porter à l'ordre du jour les officiers, sous-officiers et soldats dont les noms suivent et qui se sont fait particulièrement remarquer dans le combat du 30 août à Audun-le-Tiche : MM. Zwiefel, lieutenant ; Thouvenin et Istace, sous-officiers ; Lafond, Brunvarlet, Lafolie, Tabouret, Bastian et Turnus, guides. Ce dernier a fait à lui seul deux prisonniers.

**BLESSÉS :**

| MM. | | MM. | |
|---|---|---|---|
| Peythieu (1), commandant. | | Schmitt, | guide. |
| Rott (2), | sergent. | Ritter, | — |
| Dudot (2), | — | Richter, | — |
| Clamer (2), | caporal. | Schoeh, | — |
| Heilmann (3), | guide. | Jung, | — |
| Pfeiffer (Georges) (4), | — | Waag, | — |
| Schorr (5), | — | Westermann, | — |
| Dangert (6), | — | Viller, | — |
| Wander (7), | — | Fischer, | — |
| Weiss (8), | — | Walter, | — |
| Gasser (9), | — | | |

**DÉCORÉS.**

### 1° *De l'ordre de la Légion-d'Honneur :*

| MM. | MM. |
|---|---|
| Marcotte, ✳, colonel (10). | Astier, ✳, commandant. |
| Peythieu, ✳, commandant. | Allot, ✳, capitaine. |

### 2° *De la Médaille militaire :*

| MM. | MM. |
|---|---|
| Ohru, ✿, sergent. | Dolich, ✿, caporal. |
| Ball, ✿, — | Basanner, ✿, guide. |
| Dudot, ✿, — | |

(1) Peythieu a reçu une forte contusion; (2) blessures peu graves; (3) a reçu un éclat d'obus; (4) plusieurs blessures graves; a les deux mains mutilées; (5) blessures graves au genou; (6) épaule droite fracassée; (7) forte contusion à la poitrine; (8) jambe droite fracassée; (9) jambe gauche fracassée. Les autres douaniers n'ont été que légèrement blessés. — Le bataillon des douaniers de Strasbourg se souviendra toujours des soins généreux et de la noble fermeté montrée par M. le colonel Marcotte et les commandants, pendant le siège si dur de cette ville. Après la reddition de la place, tout ce petit corps fut fait prisonnier et conduit, avec le colonel et les commandants, partie à Coblentz, partie à Rastadt. — M. Astier, interné avec 340 douaniers, ouvrit une souscription en faveur de ces prisonniers. Elle produisit 20 000 francs. Que son nom soit béni pour cette bonne œuvre qui a tant contribué à adoucir les souffrances de ces braves et malheureux soldats !...

(10) M. Marcotte, colonel, a été fait officier de la Légion-d'honneur.

*Indication des noms de plusieurs officiers, sous-officiers et préposés qui se sont distingués pendant la guerre, sans que nous ayons pu connaître le corps dont ils faisaient partie.*

| MM. | | MM. | |
|---|---|---|---|
| Verlingue, ✻, commandant. | | Lutigné, ✿, | sous-officier. |
| Lajeunesse, ✻(1), capitaine. | | Gay, ✿, | — |
| Desoriez, | capitaine. | Thouvenin, | sous-officier. |
| Artiser, | — | Ricord, ✿, | — |
| Favrot, ✻, | — | Bosqua, ✿, | caporal. |
| Colmant, | — | Bosser, ✿, | — |
| Pinteaux, | lieutenant. | Vallène, ✿, | guide. |
| Weiss, | — | Mendioude, ✿, | — |
| Leulier, | lieutenant. | Meunier, ✿, | guide. |
| Bœhm, | — | Paquette, ✿, | — |
| Maire, | — | Déduit, | — |
| Romengas, ✿, sous-officier. | | Vothy, | — |
| Robert, ✿, | — | Sicard, | — |
| Grillon, ✿, | — | | |

## Bataillon des Douaniers mobilisés à Caen.

### ÉTAT-MAJOR.

MM. DE TARRAGON, commandant.
    Falaise, capitaine-adjudant-major.
    Simon, capitaine-trésorier.
    Bourienne, chirurgien aide-major.
    Bellée, adjudant-sous-officier.
    Lefebvre, vaguemestre.
    Lesaulnier, secrétaire du capitaine-trésorier.

### AMBULANCE :

Coulon. — Massey. — François.

(1) On lit dans le *Moniteur universel* du 27 juillet 1870 : « Le capitaine des Douanes, Lajeunesse et ses agents actifs, méritent d'être mentionnés. » Et dans *l'Annuaire des Douanes* de 1871 : « Déjà à Forbach, au début de la guerre, M. Lajeunesse, capitaine, avait mérité psr ses services signalés la croix de la Légion-d'Honneur. » — Toutes les décorations mentionnées ci-dessus ont été décernées pour des actions d'éclat accomplies.

## Première Compagnie.

| MM. | | MM. | |
|---|---|---|---|
| Gallet de Santerre, | capit. | Lenoir, | guide. |
| Lestunf, | lieutenant. | Letarouilly, | — |
| Legerriais, | — | Bazin, | — |
| Dumas, | sergent major. | Fossard, | — |
| Eve, | sergent-fourrier. | Lejolivet, | — |
| Larquemin, | sergent. | Lemosquet, | — |
| Lepesant, | — | Lecouflet, | — |
| Delalande, | — | Sorel, | — |
| Bois, | — | Bodin, | — |
| Bry, | — | Foursin, | — |
| Allain, | caporal. | Noël, | — |
| Lepelletier, | — | Lebreton, | — |
| Morel, | — | Luce, | — |
| Bourgoise, | — | Becherel, | — |
| Doussin, | — | Gallien, | — |
| Ernouf, | — | De Saint-Denis, | — |
| Hervieu, | — | Daron, | — |
| Gentil, | — | Portais, | — |
| Marguerite, | — | Doussin, | — |
| Blanvillain, | — | Dubois, | — |
| Laloë, | tambour. | Leconte, | — |
| Lebreton, | clairon. | Pichon, | — |
| Prévost, | guide. | Sollier, | — |
| Caillot, | — | Bourdais, | — |
| Quenault, | guide. | Giffard, | — |
| Beaufils, | — | Huart, | — |
| Talvat, | — | Nicolle, | — |
| David, | — | Gosselin, | — |
| D'Aigremont, | — | Gosse, | — |
| Etasse, | — | Borrey, | — |
| Grimaux, | — | Dufresne, | — |
| Durier, | — | Moulin, | — |
| Canet, | — | Reffuveille, | — |
| Manet, | — | Joseph, | — |
| Charlet, | — | Lefrançois, | — |
| Lejamtelle, | — | Bard, | — |
| Genson, | — | Renard, | — |
| Leroux (Louis), | — | Rigot, | — |

| MM. | | MM. | |
|---|---|---|---|
| Orvain, | guide. | Pagny, | guide. |
| Collet, | — | Pinel, | — |
| Vaugrande, | — | Daubin, | — |
| Bois, | — | Prieur, | — |
| Guichard, | — | Ozouf, | — |
| Leroux, | — | Laloy, | — |
| Bechue, | — | Laignel, | — |
| Chirée, | — | Lefèvre, | — |
| Olivier, | — | Manlius, | — |

*Deuxième Compagnie.*

| MM. | | MM. | |
|---|---|---|---|
| Halley, capitaine. | | Lamarre, | guide |
| Dugardin, lieutenant. | | Gaslonde, | — |
| Menard, sous-lieutenant. | | Mesnil, | — |
| Lechevalier, sergent-major. | | Legrain, | — |
| Liébard, sergent-fourrier. | | Faudemer, | — |
| Passelet, | sergent. | Letouzé, | — |
| Lecomte, | — | Lamy, | — |
| Lecouflet, | — | Digard, | — |
| Legerriais, | — | Quenault, | — |
| Bonnet, | — | Chilard, | — |
| Saint-Léger, | — | Holley, | — |
| Madelaine, | caporal. | Groussy, | — |
| Allain, | — | Louis, | — |
| Baudour, | — | Helpiquet, | — |
| Mallard, | — | Bezard, | — |
| Verdel, | — | Lepoittevin, | — |
| Leroux, | — | Desuze, | — |
| Lepetit, | — | Poitevin, | — |
| Bataille, | — | Legalcher, | — |
| Osmont, | — | Lafontaine, | — |
| Grandin, | — | Enault, | — |
| Duhamel, | clairon. | James (Jean), | — |
| Orange, | guide. | David, | — |
| Emond, | — | Guérin (Désiré), | — |
| Brochard, | — | Onfroy, | — |
| Luce, | — | Vaslot, | — |
| Landry, | — | Revert, | — |
| Raoult, | — | Endelin, | — |

MM.

Duval (Pierre), guide.
Lancelot, —
Hardy, —
Roger, —
Robert, —
Leprêtre (Alphonse), —
Roulland, —
Guérin (Paul), —
Lemailler, —
Saint-Léger, —
Lecannellier, —
Surdive, —
Simon, —
Hennequin, —
Fenouillière, —
Heroult, —
Haize, —
James (Pierre), —
Bellée, —

MM.

Fortin, guide.
Ménager, —
Duval, —
Quidel, —
Beauté, —
Caillot (Antoine), —
Françoise, —
Fresnel, —
Helène, —
Huet, —
Lecouturier, —
Lefresne, —
Lepaulmier, —
Malet, —
Onfroy, —
Marie, —
Maurouard, —
Eude, —

## Troisième Compagnie.

MM.

Vautier, capitaine.
Butel, lieutenant.
Deganne, lieutenant.
Lebrun, sergent-major.
Vautier, sergent-fourrier.
Mahieu, sergent.
Richard, —
Yger, —
Lerouvillois, —
Simon, —
Devouge, caporal.
Lepetit, jeune, —
Lepetit, aîné, —
Avoine, —
Gaslonde, —
Le Bedel, —
Launay, —
Grandais, —

MM.

Destain, caporal.
Foucu, —
Regnier (Eugène), guide.
Deganne, —
Leboullenger, —
Lecerf, —
Leroux (Alexandre), —
Lecler, —
Oger, —
Vigot, —
Mignot (François), —
Jean, —
Benoist, —
Girard, —
Simon (Bien-Aimé), —
Gouellain, —
Larose (Joseph), —
Ozouf, —

| MM. | | MM. | |
|---|---|---|---|
| Dufour, | guide. | Bizet, | guide, |
| Follain, | — | Mazier, | — |
| Davalis, | — | Aumont, | — |
| Regnier (Pierre), | — | Paysant, | — |
| Giffard, | — | Anne, | — |
| Delamarre, | — | Gosse, | — |
| Peroy, | — | Desquesnes, | — |
| Linson, | — | Lesénéchal, | — |
| Lebourgeois, aîné, | — | Lemarinel, | — |
| Leneveu, | — | Beaufils, | — |
| Blouin, | — | Postel, | — |
| Larose (François), | — | Mignot (Alexandre), | — |
| Groult, | — | Thoumine, | — |
| Typhaigne, | — | Jouanne, | — |
| Simon (Charles), | — | Giffaut, | — |
| Hurel, | — | Lepoittevin, | — |
| Perrée, | — | Louis, | — |
| Baude, | — | Dubots, | — |
| Frigoult, | — | Guérin, | — |
| Lenfant, | — | Thebault, | — |
| Leroux (Auguste), | — | Saillard, | — |
| Desheulles, | — | Poullain, | — |
| Jacquet, | — | Ledan, | — |
| Bonamy, | — | Denis, | — |
| Marguerie, | — | Eude, | — |
| Choisy, | — | Rebours, | — |
| Picquot, | — | Sicard | tambour. |
| Baril, | — | Lambert, | clairon. |
| Lebourgeois, jeune, | — | | |

## Quatrième Compagnie.

| MM. | | MM. | |
|---|---|---|---|
| Buhot, capitaine. | | Moitié, | sergent. |
| Dancel, lieutenant. | | Mauquest, | — |
| Leneveu, lieutenant. | | Léonard, | — |
| Lecler, sergent-major. | | Mignot, | — |
| Letorey, sergent-fourrier. | | Tostain, | — |
| Benouville, | sergent. | Pigache, | caporal, |
| Voisin, | — | Sauvage, | — |

| MM. | | MM. | |
|---|---|---|---|
| Quiédeville, | caporal. | Langlois, | guide. |
| Lemetayer, | — | Lebrethon (Joseph), | — |
| Beuve, | — | Lebrethon (Pierre), | — |
| Godefroy, | — | Lebrun, | — |
| Basley, | — | Lechevalier, | — |
| Chatelain, | — | Lecouay, | — |
| Philizor, | — | Legaillard, | — |
| Dusaugnier | — | Legrand, | — |
| Jardin, | tambour. | Leherpeur, | — |
| Delarue, | clairon. | Lemullois, | — |
| Endelin, | guide. | Loiseleur, | — |
| Gauvain, | — | Lepenillier, | — |
| Legagneur, | — | Leprestre, | — |
| Lemarquis, | — | Letellier, | — |
| Manquet, | — | Mahieu, | — |
| Bacon (François), | — | Marette, | — |
| Bacon (Jules), | — | Marie (Ferdinand), | — |
| Bard, | — | Marie (Jean-Bapt.), | — |
| Barogé, | — | Marie (Pierre), | — |
| Besnard, | — | Marigny, | — |
| Bunel, | — | Michel, | — |
| Cottebrune, | — | Monquit, | — |
| Dancel, | — | Orange, | — |
| Datin, | — | Pierre, | — |
| Dauphin, | — | Piquot, | — |
| Delaunay, | — | Plotte, | — |
| Deliot, | — | Postel, | — |
| Depezeville, | — | Poulain, | — |
| Desruelles, | — | Quesnel, | — |
| Douesnard, | — | Retout, | — |
| Ecolasse, | — | Robe, | — |
| Gouet, | — | Robert, | — |
| Guy, | — | Roblot, | — |
| Heuzé, | — | Roulland, | — |
| James, | — | Roussel, | — |
| Jeannette, | — | Simon, | — |
| Joseph, | — | Vimard, | — |
| Lagniel, | — | Wacker, | — |
| Lamort, | — | | |

*Cinquième Compagnie.*

| MM. | | MM. | |
|---|---|---|---|
| Hauvet, | capitaine. | Leroy, | guide. |
| Simon, | lieutenant. | Delacotte, | — |
| Fleury, | sous-lieutenant. | Doyard, | — |
| Labbé, | sergent-major. | Hamel, | — |
| Cauvin, | sergent-fourrier. | Leroux (Jules), | — |
| Pêche, | sergent. | Roualle, | — |
| Mahieu, | — | Raine, | — |
| Hébert, | — | Laccoley, | — |
| Legagneur, | — | Guesdon, | — |
| Leroux, | — | Morin (Charles), | — |
| Herpe, | caporal. | Heuzé, | — |
| Basley, | — | Roulland, | — |
| Houard, | — | Aubey, | — |
| Lepareux, | — | Fréret, | — |
| Leboucher, | — | Legouez, | — |
| David, | — | Filliâtre, | — |
| Lerouxel, | — | Morin, | — |
| Lecardonnel, | — | Bourgeois, | — |
| Fiolet, | — | Duprey, | — |
| Lecavelier, | clairon. | Mignot, | — |
| Cottebrune, | guide. | Lefebvre (Paul), | — |
| Blondel, | — | Guesnon, | — |
| Lelaidier, | — | Mallet, | — |
| Leroux (Théodore), | — | Coispel, | — |
| Leroux (Jacques), | — | Laroque, | — |
| Lefebvre (Jean-Louis), | — | Barbé (Louis). | — |
| Sorel, | — | Hauville, | — |
| Lefilliâtre, | — | Fleury, | — |
| Bouchard, | — | Jeanne, | — |
| Lecrivain, | — | Cosnefroy, | — |
| Jean, | — | Lesénécal, | — |
| Castel, | — | Fiquet, | — |
| Liot, | — | André, | — |
| Bigot, | — | Cagnard, | — |
| Cauvin, | — | Quesnel, | — |
| Lancelot, | — | Barbey (Joseph), | — |
| Audoire, | — | Lecocq, | — |
| Guilbert, | — | Nicolle, | — |

| MM. | | MM. | |
| --- | --- | --- | --- |
| Bellot (Paul), | guide. | Leparmentier, | guide. |
| Heuguet, | — | Gournay, | — |
| Lepont, | — | Ourry, | — |
| Deslandes, | — | Lainé, | — |
| Amoretti, | — | Brache, | — |
| Bellot (François), | — | Lefebvre (Dominique), | — |
| Bicheut, | — | Dancel, | — |
| Salmon, | — | Digard, | — |
| Daniel, | — | Bienvenu, | — |

Les départements de l'Orne et du Calvados étant menacés par l'ennemi, M. le directeur Dragon de Gomiecourt fit appel aux douaniers de la Manche et du Calvados, non encore mobilisés. Près de cinq cents, quoique presque tous pères de famille âgés, accoururent à la voix de leur chef, et formèrent un solide bataillon dont le commandement fut donné à M. de Tarragon, inspecteur à Caen, qui conduisit hardiment ce petit corps décidé et le dirigea toujours dans la direction de l'ennemi par des courses pénibles, malgré la neige et les froids rigoureux de décembre et janvier. Leurs grand'gardes furent souvent déployées sur le front de Bernay, Pont-Levêque, Lisieux, Serquigny, Falaise, Ecouchet, Jore, Sassy, etc. Ce bataillon n'a mis bas les armes que dans les premiers jours de mars.

---

**Aperçu du prix de certaines denrées pendant le siège de Paris.**

| | | |
| --- | --- | --- |
| Une oie.................... | 160 f. | » |
| Une poule................. | 80 | » |
| Un lapin.................. | 80 | » |
| Beurre, le kilo........... | 120 | » |
| Fromage, le kilo......... | 80 | » |
| Œufs, la douzaine....... | 40 | » |
| Un chat.................. | 60 | » |
| Un rat................... | 2 | 50 |

## Analyse du pain distribué à raison de 300 grammes par jour et par personne.

Farine de blé commun........................... 1/8
Mélange composé de fécule de pomme de terre, de riz, de lentilles, de pois moulus, de vesce, d'avoine et de seigle.................................... 4/6
Eau............................................ 2/8
Paille et autres détritus d'enveloppes de graines et de légumes .................................. 1/8

La quantité de cheval distribuée à chaque habitant était réduite à 25 grammes par jour.

Paris, typ. Balitout, Questroy et Cᵉ, 7, rue Baillif.